Dr. med. Matthias Riedl | Dr. med. Anne Fleck | Dr. med. Jörn Klasen

Die Ernährungs Docs

Starke Gelenke

Die besten Ernährungsstrategien bei Rheuma, Arthrose, Gicht & Co.

Mit Texten von Britta Probol und Rezepten von Martina Kittler

INHALT

Die Symbole bei den Rezepten

- Vegan
- Vegetarisch
- Für Gäste
- Gut zum Mitnehmen
- Gut vorzubereiten
- Schnell (max. 30 Minuten)

Gesund essen, Gelenke stärken

Gelenkbeschwerden sind ein Volksleiden! Dieses Buch richtet sich an alle, die ihrem Bewegungsapparat etwas Gutes tun möchten. Die richtige Ernährung bietet eine große Chance, Entzündungen zu bekämpfen, die Knochen zu stärken und die Gelenke zu „ölen“ – Hand in Hand mit der klassischen Medizin und der wichtigen Bewegung.

Jeder vierte Deutsche leidet an einer rheumatischen Erkrankung, also mehr als 20 Millionen Menschen. Verschleiß, Entzündungen, Schwellungen, Verformungen – die Symptome sind so vielfältig wie die einzelnen Krankheiten. Besonders verbreitet ist die Arthrose; die Abnutzung des Knorpels verursacht oft quälende Schmerzen. An der rheumatoiden Arthritis, einer fortschreitenden Gelenkentzündung, erkranken vor allem Frauen. Männer sind dagegen viel häufiger von Gicht betroffen, einer Stoffwechselstörung.

Wer eine Gelenkerkrankung hat, bekommt beim Arzt in der Regel Schmerzmittel und Entzündungshemmer verschrieben. Die Forschung hat in den vergangenen Jahrzehnten eine enorme Bandbreite an Wirkstoffen entwickelt, Beschwerdefreiheit aber garantiert keiner davon. Und die notwendigen Medikamente können durch ihre Nebenwirkungen, etwa bei rheumatoider Arthritis, sogar eine zusätzliche Belastung sein.

Gibt es natürliche Wege, die gefährlichen Entzündungsprozesse im Gelenk zu stoppen? Kann man den Gelenkverschleiß aufhalten? Lassen sich Schmerzen nicht auch ohne Nebenwirkungen lindern? Oder kann ich zumindest die Nebenwirkungen meiner Medikamente abmildern? Das sind alles Fragen, die viele Betroffene umtreiben.

Die Ernährung ist ein uralter, aber vielfach in Vergessenheit geratener Ansatz, auf krank machende Prozesse im Körper einzuwirken. In jüngster Zeit hat die Ernährungsmedizin enorme Fortschritte gemacht, und immer mehr Menschen wollen diese Chance nutzen – das zeigt uns der große Erfolg unserer Sendung „Die Ernährung-Docs“ im NDR Fernsehen. Das Besondere an dieser Therapieform ist, dass sie Betroffene aus ihrer gefühlten Ohnmacht herausführt und sie befähigt, ihre Gesundheit aktiv zu verbessern – mit einfachen, alltagstauglichen Mitteln.

Wir möchten Sie ermutigen, Ihre Ernährung und Ihre Gewohnheiten so zu ändern, dass die Gelenke gestärkt werden. Im ersten Teil geht es um das Basiswissen zum Thema Gelenke, zu den einzelnen Erkrankungen und darum, was welche Lebensmittel bewirken. Im zweiten Teil finden Sie fast 70 Rezepte, die Ihnen guttun und dabei auch gut schmecken.

Einen kompetenten Arzt und nötige Rheumamedikamente kann und will das Buch nicht ersetzen. Doch es wird Ihnen Wege eröffnen, durch eine ergänzende Therapie Ihre Lebensqualität deutlich zu bessern – eigenständig und mit Genuss.

Einen gesunden Appetit und gute Genesung wünschen

GRUNDWISSEN GELENKE

Woher kommt der Schmerz? Wie funktionieren Gelenke überhaupt, und was läuft im Körper schief, wenn es wehtut? Reicht Selbstmedikation – oder muss ich zum Arzt? Auf den folgenden Seiten erklären die Ernährungs-Docs die Grundlagen der weitverbreiteten Gelenkerkrankungen und räumen mit einigen Mythen auf.

Was die Ernährung bewirken kann

Mit Gelenkbeschwerden bekommt es früher oder später fast jeder zu tun. Viele fühlen sich den Schmerzen und Beeinträchtigungen wehrlos ausgeliefert, sie fragen sich: Was kann ich tun? Die Ernährungstherapie bietet eine große Chance zur Selbsthilfe. Ihre Erfolge fördern Lebensqualität, Zuversicht und das Vertrauen in die eigene Heilung.

Was macht unsere Gelenke krank?

Dr. Klasen: Manche Gelenkerkrankungen sind schicksalsbedingt – wie ererbte Bindegewebsstörungen oder Fehlstellungen. Angeborene Störungen im Immunsystem führen zu Krankheiten wie der rheumatoiden Arthritis. Aber ein sehr großer Teil der Beschwerden beruht auf unserem Lebensstil. Auch die zunehmende Lebenserwartung und der unkontrollierte Einsatz von Medikamenten spielen hier eine Rolle.

Dr. Riedl: Bei Arthrose wissen wir, dass sie vor einigen Tausend Jahren halb so häufig war wie heute. Was war damals anders? Mehr Bewegung, weicherer Untergrund, mehr pflanzliche Nahrung und kein Übergewicht. Modernes Leben macht die Gelenke krank und streut Sand ins Getriebe. Gelenke müssen bewegt werden, um gesund zu bleiben – die Gelenkflüssigkeit ist wie Öl im Motor. Wird der nur immer kurz und kalt angelassen, kommt der Kolbenfresser.

Was für Folgen drohen, und wie sollte die Behandlung aussehen?

Dr. Fleck: Rheumatiker haben ein erhöhtes Risiko für Herzinfarkt und Schlaganfall. Die Ursache ist, dass die systemische Entzündung nicht nur die Gelenke schädigt, sondern auch die Gefäße. Deshalb bedürfen entzündlich-rheumatische Erkrankungen immer möglichst früh einer bestmöglichen Medikation. Eine kluge Therapiekombination mit bewusster Ernährung steigert die Lebensqualität erheblich.

Dr. Klasen: Die gefürchteten Folgen wie Deformationen oder Berufsunfähigkeit kommen heute dank moderner Behandlungsmöglichkeiten seltener vor – umso weniger, je früher die Behandlung beginnt. Was oft fehlt, ist ein individueller, ganzheitlicher Ansatz, der die Tätigkeit von inneren Organen und die Regulation von Stoffwechsel und Immunsystem berücksichtigt. Der Zusammenhang zwischen dem Geistig-Seelischen und dem Körperlichen wird noch zu wenig beachtet.

Dr. Riedl: Leider ist das Therapierepertoire in der Praxis sehr eingeschränkt. Gewichtsreduktion und antientzündliche Ernährung? Naturheilkunde? All das findet meist nicht statt.

Welche neuen Ansätze liefert die Ernährungsmedizin?

Dr. Riedl: Jedes unnötige Kilo belastet die kranken Gelenke. Deshalb steht das Gewicht im Fokus. Und dann natürlich antientzündliche Ernährung: Sie wirkt nicht nur bei Rheuma, sondern auch bei Gelenkverschleiß. Denn entzündliche Reaktionen sind immer mit dabei, wenn ein Gelenk langsam zerstört wird.

Dr. Fleck: Wir stehen am Anfang einer großen Veränderung durch die Ernährungsforschung. Als gesichert gilt, dass vor allem die tägliche Aufnahme guter antientzündlich wirksamer Fette sinnvoll ist: Omega-3-Fettsäuren, zum Beispiel aus fettem Fisch oder bestimmten Pflanzenölen. Gerade bei den Ölen müssen Betroffene aber auf Qualitätssiegel für eine hochwertige Herstellung achten: Die gesunden Fettsäuren sind echte Mimosen und können durch Kontakt mit Licht, Hitze oder Sauerstoff zu schädlichen Stoffen zerfallen. Außerdem empfiehlt sich eine gemüsebetonte Ernährung mit wenig Fleisch und Wurstwaren. Eine *rein* vegetarische oder vegane Ernährung bringt nach bisherigem Wissen allerdings keine belegbaren Vorteile.

Wo liegen die Grenzen der Ernährungstherapie?

Dr. Fleck: Wir können eine rheumatische Erkrankung nicht durch Ernährung „weghexen". Doch wir können sie sehr positiv beeinflussen – etwa Cortison einsparen und durch den Rückgang von Gelenkschwellungen und Schmerzen die Lebensqualität verbessern.

Dr. Riedl: Ja, „heilen" können wir ein kaputtes Gelenk nicht, aber die Zerstörung stoppen oder zumindest verlangsamen. Und Bewegung hilft zusätzlich: Je besser die Gelenkschmiere verteilt und gemischt wird, desto besser geht es dem angegriffenen Knorpel.

Dr. Klasen: Diese positiven Einflüsse lassen sich durch Regulation der Darmflora und Gewichtskontrolle verstärken. Medikamente, entzündungshemmende Ernährung, genügend Bewegung, Schlaf und Ruhephasen, Seelenpflege mit Stressbewältigung – all diese Bausteine gehören in der Therapie zusammen.

Wie fangen Betroffene am besten an – wo gibt es Hilfe?

Dr. Fleck: Erster Schritt bei Gelenkschmerzen ist der Besuch beim Arzt, um zügig eine genaue Diagnose zu bekommen und nötigenfalls ohne Zeitverlust eine immunregulierende Behandlung einzuleiten.

Dr. Riedl: Ergänzende Hilfe bringt dieses Buch, es ist eine Anleitung. Wer mehr Unterstützung braucht, wendet sich an Ernährungsexperten (siehe Seite 183: BDEM, VDD, VDOE). Mit ihnen können individuelle Pläne geschmiedet werden. Immer wichtig: Der behandelnde Arzt sollte informiert sein. Denn im Zuge der erfolgreichen Ernährungstherapie kann oft die Medikamentendosis vermindert werden.

Dr. Klasen: Mein Tipp: Mit einem Ernährungsprotokoll beginnen, in dem man über mindestens sieben Tage genau auflistet, was man isst und trinkt. Und dazu die Beschwerden: Schmerzen, Schwellungen und Rötungen von Gelenken und Weichteilen. Oft offenbaren sich einem da schon die Knackpunkte. Das ist die beste Grundlage für eine individuelle Behandlung.

Die Ernährungs-Docs Dr. Riedl, Dr. Fleck und Dr. Klasen geben Hilfe zur Selbsthilfe.

Wie Gelenke funktionieren

Manche plagen sich schon in jungen Jahren mit schmerzenden Gelenken, andere trifft es im höheren Alter. Warum? Was läuft da schief in Fingern, Knie oder Hüfte? Um das zu verstehen, werfen wir einen Blick auf das technische Wunderwerk, das uns durchs Leben trägt: unseren Bewegungsapparat.

Gehen, springen, tanzen, nähen, kauen, schreiben, Schrauben eindrehen: So verschiedenartige Bewegungen können wir vollführen, weil unser Skelett genial konstruiert ist. Seine mehr als 200 Knochen sind durch verschiedene Arten von Gelenken miteinander verbunden.

Mediziner unterscheiden echte und unechte Gelenke: Zu den unechten gehören eher feste, bindegewebige oder knorpelige Knochenverbindungen – etwa die Bandscheiben zwischen den Wirbelkörpern. Die sogenannten echten Gelenke dagegen haben zwischen den beteiligten Knochenenden einen Spalt, und sie sind von einer Gelenkkapsel umschlossen.

Gelenkform und -funktionen

Je nach ihrer Bauart verleihen Gelenke uns in unterschiedlichem Maß Bewegungsfreiheit. Bei Schulter und Hüfte zum Beispiel sitzen kugelrunde Gelenkköpfe in einer passenden Gelenkpfanne: Durch solche Kugelgelenke können wir Arme und Beine in alle möglichen Richtungen frei bewegen. Scharniergelenke dagegen – wie bei Ellenbogen oder Fingergliedern – ermöglichen nur ein Beugen und Strecken.

In manchen Gelenken kommen drei oder mehr Knochen zusammen, so etwa beim Knie: Es bildet sich aus Schienbein, Oberschenkelknochen und Kniescheibe. Das Kniegelenk ist das größte und am stärksten strapazierte Gelenk des Menschen, schließlich muss es fast das gesamte Körpergewicht tragen und abfedern. Im Alltag typischerweise sehr beansprucht sind auch Hüft-, Schulter-, Ellenbogen-, Hand-, Fuß- und Zehengelenke sowie die gesamte Wirbelsäule.

Knorpel als Schutzschicht

Egal welche Bauart – eines haben alle echten Gelenke gemeinsam: den schützenden Knorpel. Der sogenannte hyaline (durchscheinende) Knorpel überzieht die Knochenenden, verteilt wie ein Stoßdämpfer den Druck und verhindert ein direktes Aneinanderreiben der Knochen. Bei den meisten Gelenken misst diese Pufferschicht knapp 1 mm, an der Kniescheibe 7 mm. Bei gesundem Knorpel ist die Oberfläche spiegelglatt, das gelartige Gewebe aus Zellen (Chondrozyten) und Gerüsteiweiß (Kollagenfasern) hochelastisch.

Schmiere nährt den Knorpel

Wie Motoröl den Kolben, so hält Gelenkschmiere (Synovia) den Gelenkknorpel gleitfähig. Die zähe Flüssigkeit wirkt als zusätzlicher Druckverteiler. Außerdem nährt sie das Knorpelgewebe, denn es verfügt – anders als die meisten Körpergewebe – nicht über versorgende Blutgefäße. Ebensowenig enthält Knorpelgewebe Schmerzrezeptoren: Es kann sich somit nicht „melden", wenn es austrocknet oder abreibt.

Die Ernährung des Knorpels funktioniert also mechanisch, und zwar allein durch Bewegung: Bei Belastung wird die Knorpelschicht gestaucht und ausgepresst, um sich anschließend wieder auszudehnen. Dabei saugen sich die Knorpelzellen wie ein Schwamm wieder mit nahrhafter Gelenkschmiere voll. Bleibt die Bewegung aus, trocknet der Knorpel ein und verliert nach und nach seine Elastizität: Der Verschleiß beginnt. Regenerieren kann sich der Knorpel nach heutigem Wissensstand nicht. Deshalb ist regelmäßige Bewegung immens wichtig für die Gelenke.

Das passiert im Gelenk

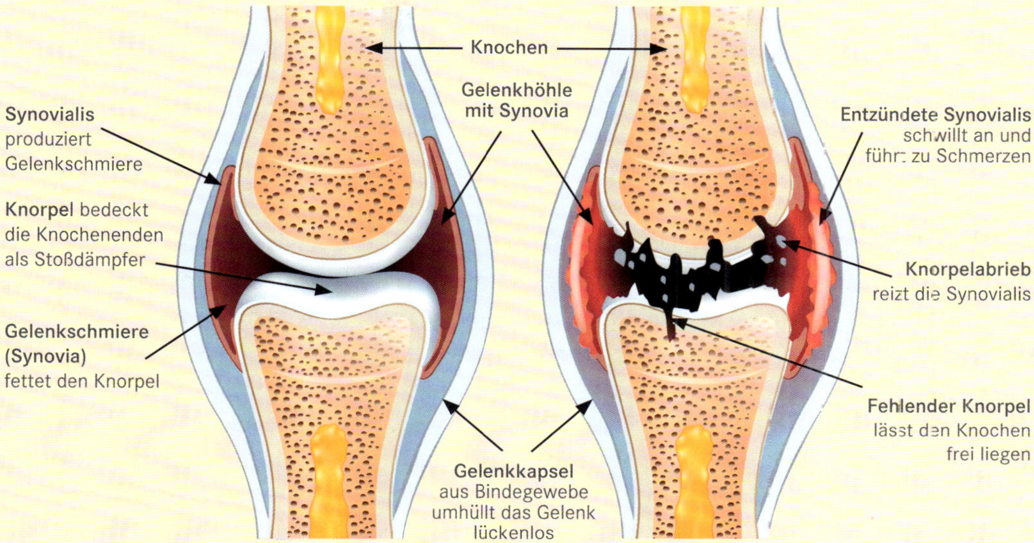

Knorpelabrieb führt im kranken Gelenk (rechte Abbildung) zu einer Entzündung. Auch eine Autoimmunreaktion oder Harnsäurekristalle können schmerzhafte Entzündungen hervorrufen.

Aufgaben der Gelenkkapsel

Produziert wird die Gelenkschmiere in den Zellen der inneren Gelenkkapselschicht, der Synovialis. Die Synovialis enthält Blutgefäße und zahlreiche Nervenfasern. Die schicken Informationen darüber, in welcher Stellung sich das Gelenk befindet, ans Gehirn und leiten eventuelle Schmerzreize weiter.

Entzündung und Gelenkerguss

Bei Veränderungen – beispielsweise durch entzündliche Prozesse, Harnsäurekristalle oder Knorpelabrieb – wird die Produktion von Gelenkschmiere angekurbelt: Die Gelenkhöhle füllt sich prall, das Gelenk schwillt sichtbar an (Gelenkerguss) und schmerzt. Die sonst hochviskose gelbe Gelenkschmiere wird wässerig und kann ihre Schutz- und Nähraufgabe nicht mehr richtig erfüllen.

Faszien halten das Gelenk zusammen

Die äußere Schicht der Gelenkkapsel besteht aus straffen Bindegewebsfasern (Faszien), die sich mit der Knochenhaut verbinden. An bestimmten Stellen sind sie streifenförmig verstärkt und bilden die sogenannten Außenbänder. Sie halten die Knochen zusammen und stabilisieren das Gelenk gegen falsche Bewegungen und eventuelles Auskugeln. Manche Gelenke verfügen zusätzlich über Innenbänder in der Kapselwand. Speziell das hoch belastete Kniegelenk hat zudem noch Bindegewebszüge in der Gelenkhöhle: die gerade bei Sportlern häufig geschundenen Kreuzbänder. Bei Bewegungsarmut können sich alle diese Fasern verkürzen: Die Gelenkkapsel schrumpft, und das Gelenk verliert an Beweglichkeit. Deshalb ist es auch wichtig, Gelenke nach einer Verletzung oder Operation mit Physiotherapie fit zu halten.

Die häufigsten Gelenkerkrankungen

Unter „Erkrankungen des rheumatischen Formenkreises“ fassen Mediziner mehr als 400 verschiedene Krankheiten zusammen – von der Arthrose bis zur rheumatoiden Arthritis. Ihr gemeinsames Kennzeichen sind schubweise auftretende Schmerzen und Funktionsstörungen des Bewegungsapparats.

Die Ursachen für Gelenkerkrankungen sind so verschieden wie ihr Verlauf. Während unsere Vorfahren noch jedes Reißen im Gelenk als „Rheuma“ bezeichneten (griechisch für Strömung, Fluss), können wir heute unterschiedliche Krankheitsbilder benennen und gezielt behandeln. Wenn wir heutzutage von „Rheuma“ sprechen, meinen wir die Erkrankungen der ersten Gruppe, meist speziell die rheumatoide Arthritis (rheumatische Gelenkentzündung, von griechisch „arthron“ für Gelenk und „-itis“ für Entzündung).

Rheumatoide Arthritis

Die rheumatoide Arthritis (RA, früher noch chronische Polyarthritis genannt – cP) ist die häufigste entzündlich-rheumatische Erkrankung. Geschätzt 800 000 Erwachsene in Deutschland leiden darunter, auch 15 000 Kinder. Meist äußert sich die Krankheit erstmals in der zweiten Lebenshälfte. Frauen trifft sie dreimal so oft wie Männer.

Die „Visitenkarten“ des Rheumatikers sind Hände und Füße: Sehr häufig beginnt das Übel an den kleinen Gelenken von Fingern und Zehen, den Handgelenken oder Knöcheln. Üblicherweise sind Gelenke symmetrisch betroffen, also beispielsweise beide Daumen. Die entzündeten Gelenke fühlen sich warm und geschwollen an, gelegentlich knacken sie. Nachts schmerzen sie und morgens lassen sie sich manchmal über eine Stunde nicht richtig bewegen: die typische Morgensteifigkeit. Alltagstätigkeiten wie Ankleiden oder Kartoffelschälen machen immer mehr Mühe, weil die Greifkraft nachlässt.

Der rheumatische Formenkreis

Er umfasst vier Hauptgruppen:

1. **entzündlich-rheumatische Erkrankungen,** zum Beispiel rheumatoide Arthritis und Morbus Bechterew
2. **verschleißbedingte** (degenerative) **Gelenk- und Wirbelsäulenerkrankungen** wie Arthrose
3. **Weichteilrheumatismus** wie Kollagenosen oder Fibromyalgie
4. **Stoffwechselerkrankungen mit rheumatischen Beschwerden** (pararheumatische Erkrankungen) wie Gicht oder Osteoporose

Verlauf

Die RA kann langsam und milde verlaufen – bei 20 Prozent der Betroffenen schlummert die Erkrankung zwischendurch, und die Beschwerden lassen nach. Sie kann aber auch in schnellen und aggressiven Schüben auf mehr Gelenke und andere Strukturen wie Sehnenscheiden und Schleimbeutel übergreifen.

Bei jedem zehnten Betroffenen ist die Entzündungsaktivität gleich zu Beginn sehr hoch und die Prognose schlecht. Die Gelenke verformen sich rasch, versteifen und schmerzen stark. Deshalb ist es so wichtig, dass die Diagnose früh gestellt und umgehend eine moderne medikamentöse Therapie eingeleitet wird. Bleibt die Krankheit unbehandelt oder sind die Patienten nicht optimal eingestellt, nimmt meist die Gelenkfunktion ab und der Schmerz zu.

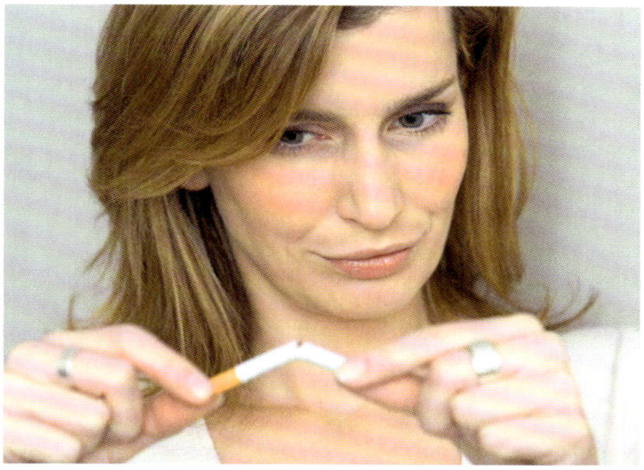

Die Gelenke profitieren von Nikotinverzicht.

Da der gesamte Körper unter der Entzündung leidet, geht die RA oft mit Schwächegefühl oder Erschöpfung einher, manchmal mit leichtem Fieber, Nachtschweiß oder Gewichtsverlust. Jeder fünfte Betroffene entwickelt sogenannte Rheumaknoten, meist an Ellenbogen oder Fingern. Zudem ist das Risiko für Herz-Kreislauf-Erkrankungen erhöht.

Ursachen

Die RA ist eine Autoimmunkrankheit: Der Organismus bildet Antikörper, die die Gelenkinnenhaut (Synovialis) angreifen. Die entzündet sich, sodass die Synovialiszellen umprogrammiert werden und ihrerseits den Knorpel und das Knochengewebe attackieren.
Die Ursache für die Fehlsteuerung des Immunsystems ist noch nicht geklärt. Offenbar müssen mehrere Faktoren zusammenkommen. Neben einer erblichen Veranlagung gehört Nikotin zu den Auslösern: Das RA-Risiko steigt mit jeder gerauchten Zigarette. Falsche Ernährung ist nicht schuld – man kann sich entzündlich-rheumatische Erkrankungen nicht „anessen".

Diagnose und Behandlung

Im Gegensatz zur Arthrose ist bei entzündlich-rheumatischen Erkrankungen eine möglichst frühe Diagnose entscheidend. Denn in einem Zeitfenster von drei Monaten nach Auftreten der ersten Symptome besteht durch moderne Medikamente (siehe Seite 22) eine Chance, die Krankheit zum Stillstand zu bringen. Beim geringsten Verdacht sollte sofort eine Labordiagnostik erfolgen, das heißt eine Blutuntersuchung auf Entzündungsmarker (C-reaktives Protein – CRP) und spezifische Parameter, nämlich Rheumafaktor (RF) und Antikörper gegen cyclische citrullinierte Proteine (CCP-Antikörper). Unerlässlich zur Abklärung ist außerdem ein umgehender Besuch beim Rheumatologen, denn nicht immer ist das Blutbild auffällig. Zur Untersuchung gehören das Abtasten der Gelenke, bildgebende Verfahren (Röntgen, gegebenenfalls MRT) und ein Gelenk-Ultraschall.
Der Krankheitsaktivitätsindex DAS28 (Disease Activity Score für 28 Gelenke) dient dem Arzt als Instrument für die Erstdiagnostik und zur Verlaufskontrolle. Bei Werten bis 3,2 gilt die Erkrankung als inaktiv, bei über 5,1 als aggressiv. Ein DAS28 unter 2,6 wird als Remission gewertet.

Die Ernährungstherapie wirkt lindernd.

Arthrose

Zehnmal so verbreitet wie die RA ist die Arthrose: Allein in Deutschland leiden um die acht Millionen Menschen unter dem chronischen Gelenkverschleiß – Tendenz steigend. Arthrose betrifft meist Knie, Hüfte, Hände oder Zehen, außerdem Hals- oder Lendenwirbelsäule. Die geschädigten Gelenke schmerzen mal mehr und mal weniger stark – meist besonders beim Anlaufen oder nach längerer Ruhe, im fortgeschrittenen Stadium auch unabhängig von Belastung. Mit der Zeit werden die Gelenke immer unbeweglicher. Anders als bei der RA tritt die Steifheit aber eher im Laufe des Tages auf als morgens. Ist die Knorpelschicht zerstört und reiben die blanken Knochenenden aufeinander, kann ein knisterndes Geräusch zu hören sein. Schwellungen und Rötungen als Zeichen einer akuten Entzündung kommen gelegentlich hinzu.

Ursache

Vorzeitiger Verschleiß ist häufig Folge unserer modernen Lebensweise mit Bewegungsarmut und schlechten Ernährungsgewohnheiten. Ein Unfall oder falsche Belastungen durch eine angeborene Fehlstellung (Dysplasie) können die übermäßige Knorpelabnutzung fördern. Bedeutendster Risikofaktor ist aber Übergewicht: Jedes zusätzliche Kilo belastet die tragenden Gelenke. Das übermäßige Bauchfett befeuert zudem eine systemische Entzündung (siehe Seite 41), die die Knorpelzerstörung begünstigt. Mediziner sehen die Arthrose deshalb inzwischen auch als chronische Entzündungskrankheit.

Diagnose und Behandlung

Der Arzt tastet die Gelenke ab, prüft Funktion und Stabilität der Bänder und umgebenden Muskeln. Bildgebende Verfahren wie Röntgen, Computer- oder Magnetresonanztomografie (CT bzw. MRT) lassen erkennen, wie weit Knorpel und Gelenkspalt noch intakt sind. Die Gelenkspiegelung (Arthroskopie), eine Form der Schlüsselloch-Chirurgie, wird heutzutage bei Arthrose mangels Nutzen üblicherweise nicht mehr eingesetzt. Physiotherapie und gezielte Bewegung erhalten das betroffene Gelenk funktionsfähig. Bei Arthrose im Knie oder in der Hüfte können orthopädische Hilfsmittel verordnet werden, zum Beispiel Pufferabsätze, Fersenkissen, stützende Bandagen und Keilkissen.

Die Ernährungstherapie kann Arthrose vorbeugen und lindern.

Für die Gelenke nicht ideal: Fleisch und Wurst.

Gicht

Bei Gicht (Arthritis urica) ist chronisch zu viel Harnsäure im Blut. Die Folge: Überschüssige Harnsäure kristallisiert aus. Die Uratkristalle lagern sich im Gewebe ab. Sie können als weißliche Erhebungen in der Haut sichtbar werden – und als Fremdkörper in den Gelenken massiv stören: Ein zu reichhaltiges Essen oder Trinkgelage führt dann zum Gichtanfall.

Die Gicht ist weltweit auf dem Vormarsch. Millionen Deutsche haben zu hohe Harnsäurewerte (Hyperurikämie) und tragen somit das Risiko für einen Gichtanfall in sich. Ein Viertel aller Männer ist betroffen. Der erste Anfall ereilt sie meist jenseits des 40. Lebensjahrs. Frauen trifft es deutlich seltener, nur fünf Prozent von ihnen haben ein Problem mit den Harnsäurewerten. Bis zu den Wechseljahren sind Frauen durch das Östrogen vor Gicht geschützt.

Verlauf

Gichtanfälle treten meist am großen Zeh auf, gelegentlich aber auch in den Knien oder Fingern. Der Schmerz fühlt sich an, als ob kleine Scherbenbrösel im Gelenk knirschen. Rötung, Schwellung und manchmal auch Fieber begleiten den Anfall, denn das Immunsystem erkennt die Uratkristalle als Fremdkörper und setzt Entzündungsstoffe frei.

Gicht gehört zu den wenigen Erkrankungen des rheumatischen Formenkreises, die heilbar sind. Unbehandelt dagegen wiederholen sich die Anfälle, die Gelenkentzündungen führen dann zu Deformationen und im schlimmsten Fall zur Invalidität. Ein erhöhter Harnsäurespiegel steigert zudem das Risiko für Nierenschäden sowie für Herzinfarkt und Schlaganfall.

Ursache

Die Veranlagung zur Gicht ist häufig angeboren: Meist können die Nieren nicht genug Harnsäure ausscheiden. Bei mehr als 6,4 mg/dl Harnsäure im Blut beginnen sich Uratkristalle zu bilden und abzulagern. Ob die Gicht ausbricht, ist dann zum größten Teil von der Ernährung abhängig. Die Gefahr lauert vor allem in purinreichem Essen, denn der Stoffwechsel verwandelt 1 mg Purin in etwa 2,4 mg Harnsäure. Mehr als 200 mg Purinzufuhr am Tag sind unter Gichtneigung kritisch. Purine befinden sich im Eiweißanteil der Nahrung: Fleisch (v. a. Innereien), Schalentiere wie Hummer, aber auch Hülsenfrüchte und Grünkern sind ungünstig. Achtung: Zucker, vor allem Fruktose, und Alkohol erhöhen indirekt den Harnsäurespiegel.

Gichtanfälle können auch im Zuge anderer Erkrankungen auftreten, wenn massiv Körpergewebe abgebaut wird: etwa bei Blutarmut (Anämie), Diabetes mellitus, während einer Chemotherapie oder durch den Gebrauch von harntreibenden Medikamenten, außerdem bei Radikaldiäten und Fastenkuren. Unterkühlung steigert das Risiko für einen Anfall, denn Harnsäure kristallisiert bevorzugt bei niedrigeren Temperaturen aus.

Diagnose und Behandlung

Einen erhöhten Harnsäurespiegel erkennt der Arzt am Blutbild. Zusätzlich muss abgeklärt werden, ob die Gelenkschmerzen nicht von einer rheumatoiden Arthritis herrühren. Ein sicherer, aber stark eingreifender Weg ist die Gelenkpunktion durch einen erfahrenen Rheumatologen oder Orthopäden: Werden in der entnommenen Synovia (siehe Seite 10) Uratkristalle gefunden, liegt Gicht vor. Eine andere Möglichkeit ist ein Test mit Colchicin (siehe Seite 23): Der Wirkstoff kann einen Gichtanfall gut lindern, würde Rheumaschmerzen aber nicht beeinflussen. Der Abbau von Übergewicht senkt langfristig den Harnsäurespiegel. Die beste Therapie bei Gicht ist eine Ernährungsumstellung: **Die Ernährung kann Gicht vorbeugen und heilen.**

Osteoporose (Knochenschwund)

Ein Viertel aller über 50-Jährigen leidet unter Knochenschwund – oft ohne es zu wissen. Die Stoffwechselerkrankung trifft jede dritte Frau nach den Wechseljahren und jeden fünften älteren Mann. Gerade Rheumatiker haben ein erhöhtes Osteoporoserisiko.

Verlauf

Unsere Knochen sind nicht irgendwann „ausgewachsen und fertig“, sondern befinden sich im ständigen Umbau. Knochen sind Organe mit Blutgefäßen, Nerven und einem Gewebe aus Gerüsteiweiß. Darin lagern sie die Mineralstoffe Kalzium und Phosphor ein – das verleiht ihnen die Härte. Die Umbauarbeiten am Gewebe übernehmen spezielle hormongesteuerte Knochenzellen (Osteoblasten und -klasten).

Entzündung – eine Abwehrreaktion des Körpers

Entzündliche Prozesse spielen bei zahlreichen Krankheiten eine Rolle. Entzündungen entstehen nicht nur durch die Infektion mit Krankheitserregern. Auch Fremdkörper – wie etwa Harnsäurekristalle im Gelenk – oder Überreizungen, beispielsweise durch zu viel Druck, Reibung oder Kälte, können eine Entzündung hervorrufen. Sie ist im Grunde eine normale und nützliche Reaktion unseres Körpers auf schädliche Reize. Wer sich das Knie aufschlägt, wird eine örtlich begrenzte Entzündungsreaktion erleben: Botenstoffe des Immunsystems bewirken, dass Blutgefäße sich erweitern und durchlässiger werden. Die Stelle wird schmerzen, gerötet sein, vielleicht auch warm und angeschwollen – typische Entzündungszeichen. Der Körper leitet damit einen Heilungsprozess ein.

Bis etwa zum 35. Lebensjahr überwiegt die Knochenneubildung, anschließend der Knochenabbau. Geht der Abbau zu schnell voran, wird der Knochen porös. An typischen Stellen wie Hüfte oder Wirbelkörpern bricht er dann schon ohne großen Krafteinfluss (Fragilitätsbruch). Jährlich 300 000 Frakturen sind auf Osteoporose zurückzuführen. Im fortgeschrittenen Stadium verursacht sie chronische Schmerzen und schränkt die Beweglichkeit stark ein.

Ursache

Die beiden Hauptgründe für den Knochenschwund sind Mangel an Bewegung und an Vitamin D. Ohne das bei Sonneneinstrahlung in der Haut gebildete Vitamin kann der Organismus kein Kalzium in den Stoffwechsel schleusen – die Knochenmasse leidet. Alkoholmissbrauch und Nikotin beeinträchtigen den Knochenstoffwechsel, ebenso Medikamente wie Fettsenker (Statine) und vor allem Cortison (siehe Seite 20). Bei RA und anderen Erkrankungen aus jener Gruppe ist die Osteoporosegefahr erhöht, weil die Entzündungen den Knochenabbau aktivieren.

Diagnose und Behandlung

Eine Labordiagnostik gibt Aufschluss über die Kalzium- und Vitamin-D-Werte im Blut. Die Knochendichtemessung mit der DXA-Methode (Röntgen) ist präzise und sollte sicherheitshalber bei allen Rheumapatienten standardmäßig durchgeführt werden (noch keine Kassenleistung!). Zur Behandlung können Medikamente wie Bisphosphonate (siehe Seite 20) eingesetzt werden, immens wichtig sind aber zusätzlich eine kalziumreiche Ernährung und regelmäßige körperliche Bewegung – auch schon zur Vorbeugung.

Morgendliche Rückenschmerzen abklären lassen.

Die Ernährung kann Osteoporose vorbeugen und zum Stillstand bringen.

Morbus Bechterew

Bei etwa fünf Prozent der Menschen mit chronischem Rückenschmerz ist eine besondere Rheumaform der Grund für die Beschwerden: die ankylosierende Spondylitis (AS) – zu Deutsch etwa „versteifende Wirbelsäulenentzündung". Im Allgemeinen besser bekannt als Morbus Bechterew: Der russische Neurologe Wladimir Bechterew befasste sich vor über 100 Jahren eingehend mit der Autoimmunerkrankung. Sie tritt häufig zwischen Pubertät und dem 35. Lebensjahr erstmals auf, betroffen sind etwa fünf von 1 000 Menschen. Die Beschwerden beginnen meist im Bereich der Kreuzbein-Darmbein-Gelenke (Iliosakralgelenke): Unterer Rücken und Gesäß schmerzen, besonders beim längeren Sitzen. Anders als bei „normalen" Rückenleiden sind die Schmerzen bei Ruhe am schlimmsten – vor allem am frühen Morgen – und bessern sich durch Bewegung (vgl. Morgensteifigkeit bei der RA).

Verlauf

Die Krankheit verläuft häufig langsam und mild. Bei manchen Patienten aber schreitet sie aggressiv und in schweren Schüben voran: Die Gelenke versteifen, schmerzhafte Knochenwucherungen ziehen sich die Wirbelsäule hoch, ein steifer Rundrücken droht. Wenn Rücken und Brustkorb unbeweglicher werden, beeinträchtigt das die Atmung. Begleitend entwickelt sich öfter eine Osteoporose, auch Entzündungen von Darm, Organen oder anderen Gelenken können auftreten. Bei knapp der Hälfte der Betroffenen entzündet sich wiederholt die Regenbogenhaut, sodass das Auge schmerzt, lichtempfindlich und gerötet ist.

Ursache

Bei Morbus Bechterew attackieren körpereigene Abwehrzellen gesundes Skelettgewebe. Die Ursachen dafür sind noch nicht eindeutig geklärt.

Diagnose und Behandlung

Gerade mild verlaufende Fälle bleiben häufig jahrelang unentdeckt. Erfahrene Rheumatologen können die Diagnose anhand einer eingehenden Untersuchung und Anamnese, unterstützt von der Magnetresonanztomografie (MRT), am ehesten stellen. Da Morbus Bechterew unheilbar ist, werden Basistherapeutika verordnet. Daneben ist Bewegung wichtig.
Eine Ernährungstherapie wirkt lindernd.

Psoriasis-Arthritis

Schuppenflechte (Psoriasis) ist eine chronisch-entzündliche Hauterkrankung. Oft äußert sie sich in juckenden roten Flecken, die von silbrigen Schuppen übersät sind. Manche Betroffene leider unter Pusteln, andere unter Grübchen oder Verfärbungen an den Nägeln. Etwa jeder Fünfte entwickelt zusätzlich eine Arthritis: Das Entzündungsgeschehen breitet sich auf Gelenke und Sehnenapparat aus. Wie bei der RA treten die Beschwerden meist an Zehen oder Fingern auf, manchmal auch an den großen Gelenken. Nicht selten fallen gerade bei Psoriasis-Arthritis die Hautveränderungen kaum auf, beispielsweise zeigen sich nur Substanzdefekte an den Nägeln (Tüpfelnägel) – doch die Gelenke sind in großer Gefahr.

Diagnose und Behandlung

Kritisch ist vor allem der Zeitpunkt der Diagnose, denn die Psoriasis-Arthritis ist besonders aggressiv: Wird sie nicht nach modernen rheumatologischen Standards mithilfe bestmöglicher Medikation behandelt, kann sie ein Gelenk innerhalb von zwei Jahren ruinieren. Bei Verdacht auf Psoriasis-Arthritis sollten Sie sich unbedingt sofort an einen Rheumatologen wenden. Er untersucht die Gelenke durch Tasten und mit bildgebenden Verfahren. Laboruntersuchungen reichen nicht aus, da kein zuverlässiger Marker existiert.
Schuppenflechte geht häufig mit Übergewicht, Fettleber, Bluthochdruck und Depression einher – die Begleiterkrankungen sind mit der Ernährung sehr gut zu behandeln.
Eine Ernährungstherapie wirkt lindernd.

Wann zum Arzt?

Um eine rechtzeitige Behandlung einzuleiten, gehen Sie bitte umgehend zum Arzt bei

+ pochenden Gelenkschmerzen mit Schwellung und Rötung,
+ Gelenkschmerzen mit extremer Müdigkeit, Nachtschweiß oder Gewichtsverlust,
+ anhaltender, vor allem morgendlicher Gelenksteifigkeit.

Kollagenosen

Zahlreiche Autoimmunerkrankungen ziehen den Bewegungsapparat in Mitleidenschaft: Dazu gehören Bindegewebserkrankungen wie Lupus (SLE) oder Sklerodermie ebenso wie bestimmte Gefäßerkrankungen (Vaskulitiden). Der Organismus bildet Antikörper, die körpereigenes Gewebe attackieren, das sie irrtümlich als fremd betrachten. So entstehen chronische Entzündungen, die unter anderem auch die Gelenke schädigen.
All diese Erkrankungen gehören in die Obhut eines Rheumatologen. In der Regel kommen Medikamente zum Einsatz, die das Immunsystem unterdrücken.
Entzündungshemmende Ernährung wirkt lindernd.

Mythen und Halbwahrheiten

Je schlimmer die Schmerzen, desto kaputter das Gelenk – oder nicht? Hilft Armschmuck tatsächlich gegen Rheuma? Manche Medizin-Mythen beunruhigen unnötig, andere wiegen uns fälschlich in Sicherheit. Ein paar davon haben immerhin einen wahren Kern. Hätten Sie auf Anhieb gewusst, was stimmt?

Wenn ich an Gelenkbeschwerden leide, sollte ich keinen Sport treiben.

Im Gegenteil! Bewegung ist mit die beste Medizin. Sie kennen das: „Wer rastet, rostet." Nur bei akuten Schmerzen kann Ruhe nötig sein. Aber nicht zu lange, denn Schonen macht steif. Es begünstigt Fehlbelastungen und dauerhafte Bewegungseinschränkungen. Regelmäßiges Training dagegen stärkt das Immunsystem, kurbelt die Durchblutung an, kräftigt den umgebenden Halteapparat und fördert die Regeneration des Knorpels. So bleiben die Gelenke fit. Vermeiden Sie nur bitte gelenkbelastende Sportarten – wunderbar sind dagegen zügige Spaziergänge, Schwimmen, Tai-Chi oder zum Beispiel auch leichtes Krafttraining (siehe Seite 28).

Gegen Rheuma kann man eh nichts machen.

Das stimmt nicht mehr. Früher war die chronische Polyarthritis ein Schreckgespenst, nahezu unausweichlich verbunden mit Deformationen, Schmerz und Mobilitätsverlust. Wer heute auf eine kluge Therapiekombination aus modernen Medikamenten und passender Ernährung setzt, kann seinen Krankheitsverlauf deutlich verlangsamen oder sogar ganz zum Stillstand bringen. Wichtig ist allerdings: Es reicht nicht, Cortison- oder Schmerztabletten einzunehmen. Deshalb sollten Betroffene rechtzeitig einen Rheumatologen aufsuchen.

Armreifen aus Kupfer und Magnetschmuck lindern Rheuma.

Man hört von erstaunlichen Wirkungen des Metallschmucks. Das liegt jedoch vermutlich am Placeboeffekt. Eine wissenschaftliche Studie aus England konnte keine messbaren Erfolge nachweisen. Immerhin: Negative Wirkungen hat der Schmuck auch nicht, nur auf dem Konto.

Arthrose ist im Alter unvermeidlich.

Nicht unbedingt. Zwar können Gelenke sich tatsächlich „abnutzen". Manchmal ist auch ein Unfall oder eine angeborene Fehlstellung mitverantwortlich für den vorzeitigen Verschleiß des Gelenkknorpels. Mediziner sehen Arthrose aber inzwischen vor allem als chronische Entzündungskrankheit: Unterschwellige Entzündungen führen zu Knorpelabbau und Schmerzen. Ursache sind oft bauchbetontes Übergewicht und entzündungsfördernde Essgewohnheiten. Deswegen kann eine Ernährungsumstellung hier so viel bewirken.

Je schlimmer die Schmerzen, desto größer der Gelenkschaden.

Nein, da gibt es keinen direkten Zusammenhang. Selbst stark degenerierte Gelenke verursachen manchmal kaum Beschwerden – während einige Patienten enorme Qualen leiden, ohne dass bildgebende Verfahren nennenswerte Gelenkschäden erkennen lassen. Schmerz weist zwar oft auf eine akute Entzündung hin, die eventuell zu einer Gelenkschädigung führt, doch er kann ganz unterschiedliche Ursachen haben (siehe Seite 24).

Einfach gesund ernähren reicht völlig aus.

So pauschal stimmt das leider nicht. Während die Ernährungsumstellung bei Gicht und Arthrose die Therapie der ersten Wahl darstellt, sind bei Autoimmunerkrankungen wie rheumatoider Arthritis spezifische Medikamente unverzichtbar. Hier wäre es leichtsinnig, nur auf gesundes Essen zu setzen! Eine antientzündliche Ernährung trägt jedoch dazu bei, Medikamente zu reduzieren und Nebenwirkungen zu vermeiden. Zudem lindert sie Schmerzen und verbessert das Allgemeinbefinden.

Bei Gicht ist Eiweiß Gift.

Teils, teils. Richtig ist: Lebensmittel mit einem hohen Eiweißgehalt enthalten meist auch viele Purine. Die wiederum werden im Stoffwechsel zu Harnsäure abgebaut und können einen Gichtanfall auslösen. Innereien, Fisch, Fleisch, Hefeextrakte und Hülsenfrüchte sind daher mit Vorsicht zu genießen (siehe Seite 54). Anders ist die Lage bei Milch, fettarmen Milchprodukten und Eiern: Die versorgen uns mit wertvollem Eiweiß und sind äußerst purinarm. Da sie zudem die Harnsäureausscheidung über die Nieren anregen, sind sie bei Gicht empfehlenswert.

Medikamente verstehen, Nebenwirkungen reduzieren

Ein wahres Arsenal an Medikamenten steht für Gelenkpatienten zur Verfügung – von Pflanzenpräparaten bis zu hochmodernen gentechnisch erzeugten Substanzen. Nicht selten haben sie unangenehme Nebenwirkungen. Bewusste Ernährung hilft, die Medikamentendosis auf das Nötigste zu reduzieren.

Sämtliche Medikamente greifen in die fein ausbalancierten biochemischen Vorgänge im Körper ein. Wann immer eine beabsichtigte Wirkung stattfindet, beispielsweise Entzündungshemmung oder Senkung des Harnsäurespiegels, treten daher auch unbeabsichtigte Effekte ein: die sogenannten Nebenwirkungen. Stärkere Medikamente sind deshalb verschreibungspflichtig.

Welche Medikamente nutzen wozu?

Die bei Gelenkerkrankungen üblicherweise eingesetzten Mittel kann man grob in zwei Gruppen einteilen:

1. **Mittel gegen Symptome**
Sie lindern akute Schmerzen: Dazu gehören die reinen Schmerzmittel, aber auch Antientzündungsmittel wie NSAR und Corticoide; bei Gicht außerdem Colchicin.
2. **Mittel zur Dauertherapie**
Bei rheumatoider Arthritis und anderen entzündlich-rheumatischen Erkrankungen sind die sogenannten Basistherapeutika unentbehrlich. Nur sie können den Krankheitsverlauf verlangsamen oder – bei rechtzeitiger und richtig dosierter Anwendung – stoppen und bleibende Schäden von Gelenken und Weichteilen abwenden. Man nennt sie deshalb auch „krankheitsmodifizierende" Medikamente oder kurz DMARDs (englisch: Disease-Modifying Anti-Rheumatic Drugs). Bei Gicht ist die Dauertherapie mit harnsäuresenkenden oder harntreibenden Medikamenten ein letzter Ausweg, wenn Ernährungsumstellung und Änderung des Lebensstils nicht ausreichend Erfolg brachten.

Bei Arthrose existiert nach wie vor keine sinnvolle medikamentöse Dauertherapie.

Löchern Sie Ihren Arzt!

Ihr Arzt, der Sie und Ihre Krankengeschichte kennt, wird bei der Auswahl Rücksicht auf Ihre Empfindlichkeit für Nebenwirkungen sowie auf die Wechselwirkungen zwischen den Präparaten nehmen. Lassen Sie sich Zweck, Wirkungen und richtige Dosierung Ihrer Medikamente genau erklären. Erkundigen Sie sich auch, wann und wie sie einzunehmen sind. Fragen Sie, ob bei der Einnahme Abstand zu einer Mahlzeit zu halten ist und, wenn ja, wie lange. Milch zum Beispiel kann durch das enthaltene Kalzium die Wirkung bestimmter Arzneien (z. B. Bisphosphonate gegen Osteoporose) herabsetzen. Sollen Sie Tabletten mit etwas Flüssigkeit einnehmen, dann gehen Sie mit reinem Leitungswasser immer auf Nummer sicher.

Die Ernährungs-Docs

Ein wichtiges Ziel der Ernährungstherapie besteht darin, die Medikamentendosis so senken zu können, dass möglichst keine Nebenwirkungen mehr entstehen. Zudem können wir mit der Ernährung Nebenwirkungen entgegentreten: etwa Übelkeit oder einem Kalziummangel, der häufig durch Medikamente wie Säureblocker, Cortison oder Methotrexat (MTX) entsteht.

Tabletten gegen Nebenwirkungen?

Zuweilen wird gegen die Nebenwirkungen der einen Tablette schlicht eine andere Tablette verschrieben. Das kann eine wahre Medikamentenspirale in Gang setzen – denn die andere Arznei bringt ihrerseits Nebenwirkungen mit.

Beispiel „Magenschutztabletten“: Die sogenannten COX-2-Hemmer aus der Gruppe der NSAR (siehe Tabelle unten) unterdrücken ein entzündungsförderndes, aber zugleich magenschützendes Enzym. Deshalb wird häufig ein Säureblocker dazu kombiniert, ein sogenannter Protonenpumpeninhibitor (PPI) – Wirkstoffe dieser Säureblocker erkennt man im Beipackzettel an der Endung „-prazol“.

Die PPI hemmen wiederum ein Enzym in der Magenschleimhaut, das die produzierte Magensäure wirksam macht. Damit greifen sie aber so tief in den Prozess der Nährstoffaufnahme ein, dass dem Körper Spurenelemente wie Eisen, Zink und Mineralstoffe wie Kalzium verloren gehen. Sie begünstigen so – genau wie Cortisonpräparate – die Knochenentkalkung und erhöhen das Osteoporoseris ko.

Gerade bei Gelenkerkrankungen sind solche Magenschutztabletten deshalb auf Dauer nicht zu empfehlen. Überdies kann die kombinierte Einnahme von NSAR und PPI Studien zufolge den Dünndarm schädigen. Sprechen Sie die medikamentöse Behandlung genau mit Ihrem behandelnden Arzt ab.

Überblick: Medikamente zur symptomatischen Behandlung

Gruppe	Wirkstoffbeispiele	Wirkung	Nebenwirkungen
Schmerz-mittel Analgetika	Paracetamol Co-Codamol Tramadol Metamizol	schmerzstillend	in üblichen Dosen gering
NSAR Nicht steroidale Antirheuma-tika	Acetylsalicylsäure Ibuprofen Ketoprofen Diclofenac Naproxen Piroxicam Etoricoxib u. v. m.	+ schmerzstillend + entzündungshemmend + blockiert die Wirkung entzündungsfördernder Enzyme (Cyclooxygenasen, kurz COX-1 oder COX-2)	abhängig davon, welches COX-Enzym gehemmt wird: + Störung der Nierenfunktion + Magen-Darm-Störungen (manchmal behandelt mit Magenschutztabletten, PPI) + Herz-Kreislauf-Erkrankungen
„Cortison“* (umgangssprachlich für Medikamente mit Cortisolwirkung, medizinisch: Glucocorticoide)	Prednison Prednisolon Dexamethason u. a.	die „Universalwaffe“ gegen Entzündungen**: + dämpft die Immunreaktion + schmerzhemmend	+ erhöhte Infektanfälligkeit + Anstieg von Blutdruck, Blutzucker, Blutfettwerten + Osteoporose + Gewichtszunahme + Augenschädigung + Wassereinlagerung im Gewebe

* Cortisol ist ein Stresshormon und an diversen Stoffwechselvorgängen beteiligt. Cortison ist eine Vorstufe von Cortisol.

** Nicht abrupt absetzen, Dosis ausschleichen, gegebenenfalls Vitamin D und Kalzium einnehmen.

Rheuma: Geduld ist gefragt!

Die Wirkung von Rheuma-Basistherapeutika ist eine eher langsame und langfristige, oft vergehen bis zur ersten Besserung mehrere Monate. Sie werden daher in der Regel kombiniert mit den schnell anschlagenden antisymptomatischen Mitteln. Durchaus üblich ist auch die Kombination mehrerer Basismedikamente, was allerdings die Wirkungen und Nebenwirkungen jedes einzelnen schwerer nachvollziehbar macht.

Klassische Basistherapie

Zur klassischen Basistherapie von rheumatoider Arthritis gehören Medikamente mit sehr unterschiedlichen Wirkprinzipien: Immunsuppressiva und Zytostatika wie Azathioprin, Cyclophosphamid, Ciclosporin, Leflunomid oder Methotrexat (MTX), zudem D-Penicillamin, Sulfasalazin, Goldsalze und Antimalariamittel wie (Hydroxy-)Chloroquin. Die meisten Medikamente sind schon seit Jahrzehnten im Einsatz. Welches Arzneimittel der Arzt verschreibt, hängt von vielen verschiedenen Faktoren ab – unter anderem auch von Ihrem Alltag, denn Einnahmemodus und -rhythmus sind unterschiedlich. Ebenso ist individuell verschieden, wie gut ein Basismedikament anschlägt und vertragen wird. Häufig ist Methotrexat, das die Überaktivität der Immunabwehr unterdrückt, das Mittel der ersten Wahl. Es wird einmal wöchentlich als Tablette eingenommen oder – für viele besser verträglich – als Lösung unter die Haut gespritzt.

Keine Alleingänge!

Setzen Sie die Rheumabasismedikation – aus welchen Gründen auch immer – niemals eigenmächtig ab. Wenn unangenehme Effekte auftreten, hilft Ihr Arzt: entweder mit Varianten zur sanfteren Einnahme oder durch Auswahl eines passenderen Medikaments. Eine reine Ernährungstherapie kann die Autoimmunkrankheit Rheuma leider nicht heilen.
Möchten Sie über Ihr Medikament mehr erfahren? Ausführliche und verständliche Infos hält die Deutsche Rheuma-Liga online bereit:
www.rheuma-liga.de/medikamentenfuehrer

Neueste Medikamente

Erst seit wenigen Jahren verfügbar sind die Biologika (Abatacept, Anakinra, Apremilast, Etanercept sowie Mittel, deren Namen auf -mab enden, wie Belimumab, Infliximab) und die neuen Biosimilars. Es sind gentechnisch hergestellte Substanzen, die bestimmte Entzündungsbotenstoffe im Körper ausschalten, also die Körperabwehr in bestimmten Punkten unterdrücken. Man bekommt sie als Infusion oder kann sie sich selbst unter die Haut spritzen. Da ihre Langzeitwirkungen noch nicht bekannt sind, sollten sie erst zum Einsatz kommen, wenn die Basistherapie nicht ausreicht.

Typische Nebenwirkungen

In der Regel vertragen die meisten Patienten die Basismedikation relativ gut. Zu den unerwünschten Effekten gehören Übelkeit, allergische (Haut-)Reaktionen, Kopfschmerzen, Sehstörungen, Schädigung von Leber oder Nieren. Bei den Biologika treten zudem vermehrt Juckreiz oder Schmerzen an den Einstichstellen auf. Da die meisten Rheumamittel bestimmte Immunreaktionen blockieren, machen sie auch infektanfälliger.

Die Ernährungs-Docs

Bewährt gegen Übelkeit: Tee aus frischem Ingwer (siehe Seite 38). Die Abwehrkräfte stärken Sie mit Pro-/Präbiotika (siehe Seite 51) und mit Zink, zum Beispiel aus Haferflocken, Fisch, Linsen und Sojaprodukten.

Die Ernährungs Docs

MEIN ERNÄHRUNGS- & BEWEGUNGSTAGEBUCH

Starke Gelenke

So nutzen Sie dieses Tagebuch

Ein Ernährungstagebuch eignet sich sehr gut dafür, die eigenen Ernährungsgewohnheiten besser einschätzen und hinterfragen zu können. Für den Überblick über Ihre Bewegungseinheiten gibt es eine zusätzliche Spalte.

- Nehmen Sie Ihr Protokoll überall mit hin. Notieren Sie alles gewissenhaft – auch Snacks wie Nusskerne, Bonbons und Obst.
- Protokollieren Sie mindestens sieben aufeinander folgende Tage. Für einen längeren Zeitraum als 26 Tage kopieren Sie sich die Protokolle vorab aus diesem Heft.
- Lebensmittel sollten Sie am besten in „Haushaltsmaßen" angeben (zum Beispiel 1 Tasse, 1 TL, 1 EL ...).
- Protokollieren Sie direkt, nicht erst am Abend. Häufig geraten gegessene Lebensmittel (speziell Snacks) und Getränke in Vergessenheit.
- Notieren Sie regelmäßig Ihr Gewicht – einmal in der Woche ist ausreichend.
- Führen Sie Buch über jeden Spaziergang und jede Sporteinheit – das motiviert sehr!

DATUM

UHRZEIT	ESSEN	TRINKEN	BEWEGUNG

SCHMERZEN, BESONDERHEITEN

DATUM

UHRZEIT	ESSEN	TRINKEN	BEWEGUNG

SCHMERZEN, BESONDERHEITEN

DATUM

UHRZEIT	ESSEN	TRINKEN	BEWEGUNG

SCHMERZEN, BESONDERHEITEN

DATUM

UHRZEIT	ESSEN	TRINKEN	BEWEGUNG

SCHMERZEN, BESONDERHEITEN

Gicht: Ernährungstherapie ist erste Wahl

Gicht ist im Normalfall allein durch Lebensstiländerungen heilbar. Das Erfolgsrezept zur Vorbeugung wie auch zur Behandlung: weitgehender Alkoholverzicht, Gewichtsreduktion, regulierte körperliche Belastung, ausreichende Wärme – und vor allem: purin- und fruktosearme Kost (siehe Seite 54). Maximal 500 mg Harnsäure pro Tag sollten wir bei Veranlagung zur Gicht unserem Körper zumuten, das bedeutet umgerechnet rund 200 mg Purin aus Lebensmitteln. Ziel ist eine nachhaltige Senkung des Harnsäurespiegels im Körper, um Anfälle zu vermeiden und Langzeitschäden zu verhindern. Viel zu selten nutzen Patienten diese große Chance.

Spezielle Schmerzlinderung im Akutfall

Beim akuten Gichtanfall hilft neben NSAR und Corticoiden vor allem Colchizin, eine Substanz aus der Giftpflanze Herbstzeitlose. Colchicin hindert vermutlich die weißen Blutkörperchen daran, Harnsäurekristalle zu transportieren. Vorsicht aber bei der Dosierung! Nach neuen Studien beseitigt schon 1 mg Colchicin, gefolgt von zwei- bis dreimal 0,5 mg am Tag, die Schmerzen sehr zuverlässig.

Dauertherapie möglichst vermeiden

Nur wenn Gichtanfälle wiederkehren, der Serumharnsäurewert über 9 mg/dl bleibt oder Komplikationen wie Nierensteine (Harnsäuresteine) vorliegen, sollten – zusätzlich zur bewussten Ernährung – Medikamente zum Einsatz kommen. Regelmäßige Blutuntersuchungen sind dann nötig.

Harnsäureblocker (Urikostatika) wie Allopurinol oder Febuxostat hemmen das Enzym Xanthinoxidase, das Purine zu Harnsäure abbaut. Sogenannte Urikosurika (Probenecid und Benzbromaron) dagegen fördern die Ausscheidung der Harnsäure. Sie können damit die Neubildung von Gichtknoten verhindern und sogar zum Teil vorhandene abbauen.

All diese Mittel darf man aber erst nach dem vollständigen Abklingen eines Gichtanfalls einnehmen, gerade zu Therapiebeginn lösen sie öfter selbst einen Anfall aus. Nebenwirkungen sind Hautreaktionen wie Juckreiz und Rötungen, Übelkeit, Brechreiz und Durchfall, vermindertes Reaktionsvermögen. Urikostatika können außerdem zu Nierensteinen und bei falschem Einsatz bis zu Nierenversagen führen.

Pflanzenpräparate – die milde Alternative?

Pflanzenheilmittel (Phytopharmaka) sind stark im Kommen: als Tabletten, Kapseln, Salben und Co. Dabei ist „pflanzlich“ nicht gleichbedeutend mit nebenwirkungsfrei: Auch bei diesen Mitteln kommt es auf die Dosis an! Die Präparate enthalten in der Regel getrocknete Pflanzenteile oder konzentrierte Extrakte daraus. Zusammensetzung und Menge der Inhaltsstoffe sind standardisiert, also gleichbleibend – während sie in der Pflanze stets leicht schwanken.

- Zur **Schmerzlinderung** eignen sich Weidenrinde (Salix) und die exotische Teufelskrallenwurzel: Sie sind weniger effektiv als synthetisch hergestellte Schmerzmittel, lösen aber auch seltener Magen-Darm-Probleme aus. Bewährt haben sich zudem Weihrauchharzextrakte (Boswellia-serrata-Kapseln).
- Allgemein gegen **rheumatische Beschwerden** setzt die anthroposophische Medizin das sanft durchwärmende Solum-Öl ein, mit Extrakten aus Hochmoortorf (Solum uliginosum). Wohltuend wirken zudem Salben mit Auszügen aus der Alraune (Mandragora).
- Bei **Arthrose** zeigt Hagebuttenpulver aus den Samen und Schalen der Frucht gute Erfolge (siehe Seiten 34 und 50)
- Altbekannt sind die leberschützenden Eigenschaften der Mariendistel. Entsprechende Teemischungen oder Kapseln helfen gut **bei Nebenwirkungen,** die die Leber betreffen.

Was unser Inneres bewirkt

Manchmal scheinen Gelenkbeschwerden jegliche Energie zu rauben, ja den Alltag bestimmen zu wollen. Man fühlt sich unzufrieden, niedergeschlagen oder erschöpft. Ernährungs-Doc Jörn Klasen erklärt, wie Schmerz und Seelenleben zusammenhängen und welche Rolle der Darm für die Gesundheit spielt.

Wie hängen Schmerz und Krankheitsfortschritt zusammen?

Schmerz ist etwas sehr Individuelles. Die Ausprägung des empfundenen Schmerzes gibt nicht wieder, wie stark ein Gelenk schon geschädigt ist. Es kann stark deformiert sein, ohne dass der Betroffene große Schmerzen spürt. Und umgekehrt: Ein Gelenk ist nur wenig verändert – dennoch kann der Patient erhebliche Schmerzen erleiden. Wie wir den Schmerz wahrnehmen, hat allerdings durchaus Einfluss auf den Krankheitsverlauf. Aus dem akuten Gelenkschmerz kann ein chronischer werden.

Heißt das, Schmerzen können sich selbst verstärken?

Ja, mitunter geraten wir regelrecht in einen Teufelskreis: Zunächst führt ein akuter Schmerz zu einer geringeren Bewegung – gleichzeitig verfällt man häufig in eine Art Schonhaltung, die dann weitere Schmerzen auslöst. So kann zum Beispiel eine Hüftgelenksarthrose auch Schmerzen im Rücken und im Kniegelenk hervorrufen. Durch die zunehmenden Schmerzen kommt es leider häufig zum Rückzug und zur sozialen Isolation der Betroffenen. Die Menschen verlieren dann ihre Lebensfreude und leiden verstärkt unter Stress, Depression und Angst. Das behindert wiederum erheblich die Schmerzbewältigung – und als Folge nehmen die Schmerzen weiter zu.

Wie können wir diesem Teufelskreis entkommen?

Dazu sollten drei Dinge geschehen: Schonung nur für einen begrenzten Zeitraum (siehe Seite 28), eine angemessene Schmerzbehandlung – und so bald als möglich Rückkehr in den Alltag. Von großer Bedeutung ist dabei, dass wir frühzeitig Strategien ergreifen, um die Schmerzen zu lindern. Gelenkbeschwerden sind im Übrigen selten isoliert zu sehen, sondern meist Ausdruck eines Gesamtgeschehens im Organismus. Deshalb müssen wir bei der Behandlung immer den ganzen Menschen im Blick haben, inklusive seiner seelischen Seite.

Was hilft bei der Schmerzbewältigung?

Jeder Mensch hat selbst die Möglichkeit, auf seine Gelenkbeschwerden Einfluss zu nehmen. Wichtig ist dabei vor allem, das individuelle Maß zwischen Aktivität und Ruhe zu finden sowie einen Rhythmus im Tagesablauf mit ausreichend Schlaf.

Wir alle verfügen über körpereigene „Schmerzkiller", zum Beispiel die Endorphine: Das sind morphinähnliche Stoffe, die am Rückenmark ansetzen und die Schmerzwahrnehmung blockieren.

Auch Dopamin, Noradrenalin und Serotonin helfen als eine Art „Glückshormone" bei der Schmerzbewältigung. Diese Substanzen können wir auf verschiedenen Wegen aktivieren – allein dadurch schon, dass wir an etwas Schönes denken oder uns mit Dingen beschäftigen, die uns Freude bringen. Aber auch durch Meditation, spezielle Massagen, Akupunktur (siehe Seite 27) oder regelmäßige Bewegung, gerade im Freien. Intervallfasten (siehe Seite 43) und gesunde Ernährung sind ebenfalls hilfreich.

„Der Darm ist die Wurzel der Gesundheit", heißt es – inwiefern hat er hier Einfluss?

Fast allen Gelenkerkrankungen liegt ein chronisches Entzündungsgeschehen zugrunde. Diese Entzündungen sind Ausdruck eines fehlerhaften Stoffwechsels und einer Fehlregulation des Immunsystems. Zentralorgan in dem Geschehen ist der Darm, denn er ist an allen Stoffwechselprozessen beteiligt und beherbergt bis zu 70 Prozent des Immunsystems.

Eine wesentliche Grundlage für das gesunde Reagieren unserer Abwehr ist die Mikrobiota – das heißt, die Gesamtheit der Darmbakterien. Dass die Ernährung hier einen starken Einfluss hat, ist also nicht verwunderlich. Einseitige Ernährung mit beispielsweise zu vielen Kohlenhydraten und zu wenig Ballaststoffen bringt das Gleichgewicht der Darmbakterien durcheinander und kann so das chronische Entzündungsgeschehen verschlimmern.

Also sollten wir mehr auf unseren Bauch hören und dem Darm Gutes tun.

Unbedingt. Finden Sie heraus, ob Nahrungsmittelunverträglichkeiten vorliegen. Führen Sie ein Ernährungsprotokoll über mindestens eine Woche, um zu schauen, ob Sie sich einseitig ernähren und zu viele Süßigkeiten konsumieren. Aber behalten Sie Ihre Freude am Essen!

Mit der Tendenz zur ballaststoffreichen, fleischarmen Kost, genug Probiotika und Präbiotika (siehe Seite 51), mäßigem Konsum von Süßigkeiten, Weizen und Alkohol liegen Sie für Ihre Darmgesundheit auf dem richtigen Kurs.

Schmerzen – so entstehen sie

In den Gelenken befinden sich freie Endungen von Nervenfasern mit feinen Sinneszellen. Diese Schmerzrezeptoren können zum Beispiel durch Druck oder Entzündungsbotenstoffe gereizt werden. Als Folge setzt der Körper an dieser Stelle sogenannte Schmerzvermittler frei (wie Histamin oder Serotonin).

Die Schmerzinformation reist dann über die Nervenfasern zunächst bis zum Rückenmark. Es fungiert als Schaltstelle: Hier werden Reflexe ausgelöst, also unbewusste Befehle an die Muskulatur geschickt (beispielsweise: Hand wegziehen vom Feuer!) – schon Momente bevor der Schmerz in unser Bewusstsein dringt. Denn dafür muss der Schmerzreiz erst einmal im Gehirn ankommen. Gewisse körpereigene „Schmerzwächter"-Stoffe im Rückenmark filtern jedoch die Reize und lassen längst nicht alle Schmerzimpulse durch.

Das körpereigene Schmerzhemmsystem

Die Durchlässigkeit des „Schmerztors" ist individuell verschieden, außerdem unterliegt sie aktuellen Einflüssen wie Sorgen, Stress, Angst, aber auch Glück oder Freude. Das bedeutet: Das Schmerzempfinden ändert sich mit der psychischen Verfassung.

Bei Übermüdung, Angst, Stress und Depression ist das Schmerztor weit offen, die Schmerzwächterstoffe sind nicht aktiv. Wir nehmen dann Schmerzen stärker wahr. Unterdrückt werden Schmerzreize dagegen in Situationen, in denen der Körper sein „Lebenserhaltungsprogramm" fährt: bei akutem Stress, massiver Angst oder auch in Wettkampfsituationen.

Strategien gegen den Schmerz

Bei Gelenkbeschwerden ist es wichtig, Methoden zur Schmerzbewältigung zu kennen – besonders im akuten Rheumaschub oder Gichtanfall. Je effektiver man von vornherein den Schmerzen entgegentritt, desto seltener werden sie chronisch. Probieren Sie aus, was Ihnen wohltut, und sorgen Sie gut für sich!

Unser Körper hat ein Schmerzgedächtnis. Treten Schmerzreize wiederholt auf, „erinnert" er sich an sie, sodass wir sie früher und intensiver wahrnehmen: Die Schmerzschwelle sinkt. Darum ist eine frühzeitige und hinreichende Schmerzbekämpfung wichtig. Neben Medikamenten gibt es verschiedene Ansatzpunkte und Verfahren. Denn unsere Schmerzwahrnehmung wird von äußeren und inneren Faktoren beeinflusst.

Achtsam sein, Stress reduzieren

Zu den inneren Faktoren zählt unsere Gefühlswelt. Während Glückshormone quasi Schmerzreize abfangen können, öffnen negative Emotionen das Schmerztor weit. Achten Sie daher vermehrt auf Ihre Seelenhygiene! Überlegen Sie: Habe ich privat oder beruflich zu viel Stress? Betrachten Sie Ihren Wochenplan: Was steht alles an? Was davon muss sein? Von den freiwilligen Aktivitäten wie Hobbys oder Bekanntschaften: Was bereichert Sie wirklich, hebt Ihre Laune – und was ist nur alte Gewohnheit? Die Erkrankung kann Ihnen den Anstoß geben, hier einmal Bilanz zu ziehen.

Die Ernährungs-Docs

Schlafprobleme? Nehmen Sie die letzte Mahlzeit spätestens drei Stunden vor dem Zubettgehen ein. Wer empfindlich ist, sollte ab dem frühen Nachmittag auf Koffein, Teein und Rohkost verzichten. Und: Ein Glas Wein macht zwar schläfrig – doch Alkohol wirkt negativ auf den Stoffwechsel, er stört den Traumschlaf!

Positiv denken, Kompromisse eingehen

Ein wichtiger innerer Schritt ist es, die Krankheit überhaupt anzunehmen und sich einzugestehen, dass man mit seinen Kräften besser haushalten sollte. Nicht jedem fällt das leicht. Aber bei chronischen Entzündungen steigt der Bedarf des Körpers nach Erholung. Und eingeschränkte Beweglichkeit bedeutet unweigerlich, Kompromisse eingehen und vermehrt Hilfe annehmen zu müssen. Der Austausch in Selbsthilfegruppen oder Foren (siehe Seite 183) ist oft hilfreich, um hier eigene Wege zu finden.

Teufelskreis Schlafmangel

Erholsamer Schlaf ist ein biologisches Grundbedürfnis. Laut Studien leiden jedoch vier von fünf Schmerzpatienten an Problemen mit dem Ein- und Durchschlafen. Vor allem finden sie zu selten in die Tiefschlafphase. In dieser Phase entspannt sich der Körper und setzt Heilungsprozesse in Gang. Die Krux: Ein Mangel an Tiefschlaf macht schmerzempfindlicher, gerade im Muskel-Skelett-System – Schlafstörungen wiederum steigern das Schmerzempfinden und verstärken Begleitsymptome wie Depressionen und Ängste, die zu schmerzhaften Verspannungen führen.

Für erholsamen Schlaf sorgen

Vermeiden Sie den Griff zur Schlaftablette: Der künstlich gebahnte Schlaf erreicht nie die Erholungsqualität von natürlichem, und verschreibungsfreie Schlafmittel (Benzodiazepine) führen leicht zur Abhängigkeit. Besser ist es, vor dem Zubettgehen ein beruhigendes Ritual zu pflegen: etwa lesen, Musik hören oder eine

Hausmittel für die Soforthilfe

Wohltuend bei Verspannungen sind ein **warmes Bad, Wärmflasche, Wärmekissen und -pflaster.** Bei Akutschmerz wunderbar lindernd: **Eisbeutel oder Kühlpacks** aus dem Gefrierfach – mehrmals täglich für 10 Minuten auflegen. Vorsicht: stets in ein Tuch eingewickelt, nie direkt auf die Haut!

Auch der gute alte **Quarkwickel** lindert zuverlässig: etwas kühlen Magerquark fingerdick auf ein dünnes Baumwolltuch geben, Tuch einschlagen und beispielsweise mit einer Mullbinde am Gelenk fixieren. Einwirkzeit: etwa 20 Minuten – bis der Wickel warm ist.

Wickel mit Heilerde verbessern die Durchblutung und machen beweglicher: aus der mineralstoffreichen Heilerde einen Brei anrühren – bei akuten Schmerzen mit kaltem Wasser, bei chronischen mit warmem. Fingerdick auf ein dünnes Tuch auftragen, Tuch einklappen, auflegen und fixieren. Einwirkzeit: rund 1 bis 2 Stunden, bis die Heilerde trocken wird und bröckelt.

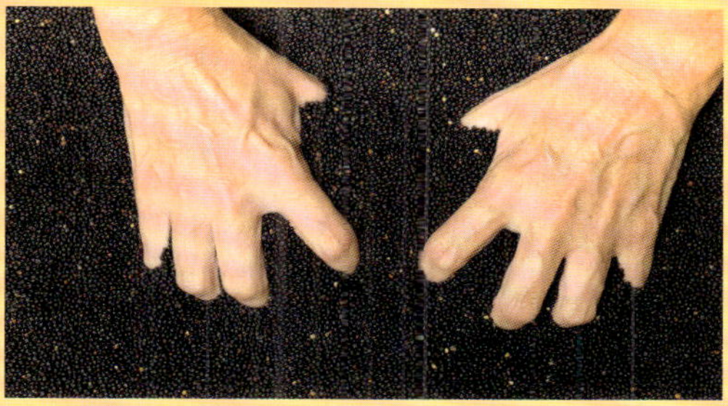

Raps eignet sich für die Wärme- und Kältetherapie.

Kohlwickel helfen mit entzündungshemmenden Flavonoiden und Senfölglycosiden. Weißkohl- oder Wirsingblätter abspülen, trocken tupfen, den harten Strunk herausschneiden und die Blätter mit einer sauberen Flasche walzen, bis etwas Saft austritt. Um das betroffene Gelenk wickeln und fixieren. Einwirkzeit: 1 bis 2 Stunden.

Raps macht Gelenke wieder mobil: Bewegen Sie bei Morgensteifigkeit die Finger 10 Minuten in einer Schüssel kühlschrankkalter Samen. Angenehm lösend wirkt ein warmes Rapsbad. Rapssamen gibt es bei Getreidemühlen und im Internet.

kleine Runde spazieren gehen. Haben Sie Sorgen, kann es helfen, die zu erledigenden oder belastenden Dinge aufzuschreiben, damit sie „aus dem Kopf sind". Bewährt als Einschlafhilfe sind auch Entspannungstechniken (siehe Kasten Seite 29).

Wärme, Kälte: Reize gegen den Schmerz

Gegenreize erzeugen Nervenimpulse, die die Schmerzsignale überlagern oder blockieren. Viele altbewährte naturheilkundliche Verfahren machen sich diesen Mechanismus zunutze, etwa die Wassertherapie nach Kneipp. Bei akuten, schmerzhaften Entzündungen hilft meist Kälte – bei chronischem Schmerz ist dagegen Wärme förderlich, denn sie löst Muskelverspannungen. Ebenfalls mit Gegenreizen arbeitet die physiotherapeutische Methode der Elektrostimulation (TENS) – TENS-Geräte gibt es auch für den Hausgebrauch.

Akupunktur und Co.

Gute Erfolge bei chronischen Schmerzen verzeichnet die Akupunktur, ein Verfahren aus der traditionellen chinesischen Medizin (TCM): Die Stimulation definierter Punkte auf Energiebahnen (Meridianen) soll den Fluss der Lebensenergie Qi anregen, der Therapeut sticht dazu Nadeln in die Haut. Bis zu zehn Akupunktur-Sitzungen sind Kassenleistung.

Immerhin teilweise bezuschusst wird die Osteopathie: eine ganzheitliche Heilmethode, bei der der Therapeut durch sanften Zug oder Druck Funktionsstörungen lösen und damit Schmerzen lindern kann.

Bewusste Bewegung und Entspannung

Auch wenn es paradox klingt: Bewegung hilft bei der Bewältigung von Gelenkschmerzen. Der gesamte Organismus profitiert! Pfunde purzeln leichter, bei Arthrose wirkt sanfte Bewegung besonders gut dem Knorpelverschleiß entgegen. Die Kunst besteht darin, das richtige Maß von Aktivität und Ruhe zu finden.

Wenn Bewegungen potenziell schmerzen, möchte man sie nach Möglichkeit vermeiden. Die Angst, Gelenke überzustrapazieren oder durch falsche Bewegungen Krankheitsschübe auszulösen, ist jedoch fatal und bewirkt oft das Gegenteil.

Wer rastet, der rostet!

Steife Gelenke werden durch Schonung noch unbeweglicher und schmerzhafter, weil die gelenkführenden Muskeln und Faszien dadurch verhärten und verkümmern. Inaktivität ist deshalb Gift – mit einer Ausnahme: Im akuten Krankheitsschub, wenn die Gelenke schmerzhaft geschwollen sind, sollten Sie ihnen Ruhe gönnen. Steigern Sie die Belastung dann erst langsam wieder.

Gute Gründe für mehr Bewegung

- Die Gelenkschmiere, die den Knorpel nährt, verteilt sich besser.
- Beanspruchung stabilisiert die Knochen – Inaktivität fördert den Knochenabbau.
- Ausdauertraining kann laut Studien sogar Schmerzen mindern.
- Ausdauersport verbessert die Leistungsfähigkeit und wirkt nachweislich der Erschöpfung bei Rheuma entgegen.
- Geeignete Kraftübungen steigern die Beweglichkeit bei Alltagstätigkeiten.
- Regelmäßige Bewegung, besonders Krafttraining, wirkt gegen den Muskelabbau, der ab dem 30. Lebensjahr beginnt. Muskeln erhöhen den Grundumsatz und halten dadurch schlank.

Krankengymnastik und Co.

Rheumafunktionstraining und Krankengymnastik fördern die Gelenkigkeit, lindern Schmerzen, lösen Verspannungen und kräftigen die Muskulatur. In schubfreien Phasen wirken sie wie lästige Zeiträuber, aber das Engagement lohnt sich! In der Ergotherapie lernt man zudem, wie man alltägliche Aktivitäten möglichst gelenkschonend ausführt.

Sport in Eigenregie

Bei der Auswahl, welcher Sport für Sie persönlich empfehlenswert ist, kann Ihr Arzt oder Physiotherapeut Sie beraten. Mit im Vordergrund steht die Frage: Was gefällt Ihnen selbst? Bewegung soll schließlich Freude machen – wer sich widerwillig zum Training quält, wird nicht lange dabeibleiben.

Grundsätzlich empfehlenswert sind Sportarten, die die Gelenke nicht übermäßig belasten, wie leichtes Krafttraining an Geräten nach einem individuellen Aufbauplan. Moderates Ausdauertraining – etwa Walking, Radfahren oder Tanzen – kräftigt zusätzlich Herz und Lunge. Lieben Sie das Gefühl, sich vom Wasser tragen

Die Ernährungs-Docs

Seine Übungen regelmäßig zu turnen erfordert Selbstdisziplin. Am besten, Sie machen sie zum Ritual: zum Beispiel mit einer Tasse Tee und Sport den neuen Tag begrüßen oder ihn mit einer Kombination aus Gymnastik und Entspannungsübungen beschließen.

zu lassen? Aqua-Pilates oder Wassergymnastik trainieren Muskulatur und Koordination, beides ist schonender als Brustschwimmen. Wer seine Koordination verbessern und zugleich durch die bewusste Atmung entspannen möchte, für den sind Sportarten mit langsamen, fließenden Bewegungen wie Tai Chi, Qigong oder Yoga ideal. Empfehlenswert gerade für Gelenkpatienten ist zudem das relativ neue Faszientraining.

Tipps für den sportlichen (Wieder-)Einstieg

+ Nach jahrelanger Sportabstinenz einmal beim Hausarzt durchchecken lassen (Blutdruck, Belastungs-EKG und Co.).
+ In gute Ausrüstung investieren: Gönnen Sie sich bequeme und hübsche Sportbekleidung, die Sie gern anziehen!
+ Bei Bedarf Mitstreiter suchen, etwa in Rheuma- oder Herzsportgruppen.
+ Sporttermine verbindlich im Kalender eintragen.
+ Leistung allmählich steigern: erst öfter, dann länger, dann intensiver trainieren.
+ Fortschritte motivieren – halten Sie Erfolge in einem Tagebuch fest (siehe Beilage)!

Wie oft und wie lange bewegen?

Regelmäßige kleine Aktivitäten sind hilfreicher als eine sportliche Großaktion am Wochenende, nach der Sie sich völlig erschöpft fühlen. Täglich 30 Minuten gezielte Bewegung – etwa ein zügiger Spaziergang – bilden eine solide Basis für Ihre Gesundheit. Nutzen Sie zudem die vielen Möglichkeiten, im Alltag den Stoffwechsel auf Trab zu bringen: etwa mehr Rad fahren, die Treppe nehmen statt des Aufzugs.

Doppelt gut ist Bewegung an der frischen Luft, denn sie schützt vor Infekten, und im Sommer füllen wir dabei die Vitamin-D-Speicher auf: großartig für die Stabilisierung von Knochen, Stoffwechsel und Körperabwehr – und für das innere Gleichgewicht.

Aktiv entspannen: die besten Methoden

Auch Gelassenheit und Wohlbefinden kann man trainieren: mit Entspannungstechniken. Sie helfen nachweislich, die Schmerzempfindlichkeit zu senken. Zudem können sie durch die Lösung von Verspannungen sogar die Gelenkfunktion positiv beeinflussen. Wer sie beherrscht, kann sich fast überall entspannen – in einer kurzen Pause im Büro genauso wie in der U-Bahn oder auf dem Sofa. Bewährt haben sich vor allem folgende Techniken:

Autogenes Training: Es basiert auf einer Art Selbsthypnose. Man konzentriert sich ganz auf seinen Körper und stellt sich Körperteil für Körperteil im wohlig-entspannten Zustand vor, etwa so: „Ich bin ganz ruhig. Mein rechter Arm ist warm und schwer." Man lernt es am besten in einem Kurs. Geübte gelangen damit innerhalb von Minuten zu Tiefenentspannung.

Progressive Muskelentspannung: Sie ist eine eher mechanische Methode. Man spannt dabei nacheinander von den Zehen bis zum Gesicht alle wichtigen Muskelgruppen des Körpers für einige Sekunden sehr stark an, um sie dann ausatmend schlagartig zu lockern. Das steigert die Durchblutung und löst Verspannungen.

Atemmeditation: Sie funktioniert durch konzentrierte Körperwahrnehmung. Man holt durch die Nase tief Luft, atmet durch den Mund langsam aus und hält kurz inne, ehe man wieder einatmet. Dabei spürt man nach, wie der Sauerstoff in den Körperregionen ankommt. Das entspannt und erfrischt.

ESSEN FÜR STARKE GELENKE

Essen ist Medizin – weil wirksame Substanzen zum Beispiel gegen Entzündungen nicht nur in Tabletten stecken, sondern auch in ganz normalen Lebensmitteln. Alles, was wir mit der Nahrung aufnehmen, hat eine Wirkung im Körper. Zwar gibt es keine „Wunderdiät“, die Gelenkbeschwerden für immer wegzaubert. Wer aber auf bestimmte Nährstoffe achtet, kann nachhaltig Schmerzen lindern, Gelenke stärken und sein Wohlbefinden rundum steigern – ohne dabei auf Genuss zu verzichten!

Die Rolle der Ernährung

Wer die Nährstoffe im richtigen Maß aufnimmt und sich dabei reichlich an frischer, pflanzlicher Kost bedient, der ist gesundheitlich klar im Vorteil. Übergewicht fördert Gicht, rheumatische Entzündungsprozesse und die Abnutzung der Gelenke. Bringen Sie mit bewusster Ernährung den Organismus wieder in Balance!

Ein Gichtanfall ist meist die direkte Antwort des Körpers auf eine zu opulente Mahlzeit. Bei anderen Gelenkbeschwerden präsentiert sich der Zusammenhang von Ursache und Wirkung nicht so unmittelbar. Doch gibt es auch bei Erkrankungen wie Rheuma und Arthrose Nahrungsmittel, die Symptome verschlimmern, und solche, die sie lindern können. Änderungen von ungünstigen Essgewohnheiten vertreiben den Schmerz und verbessern das Wohlbefinden. Mit gesunder, vollwertiger Ernährung stärken Sie zudem Ihre Immunabwehr und tanken Kraft.

Abnehmen entlastet nicht nur die Gelenke

Es verwundert nicht, dass allein schon nachhaltiges Abnehmen gerade eine Knie- und Hüftgelenksarthrose oft deutlich bessert: Überschüssige Pfunde belasten unsere tragenden Gelenke – und das sogar doppelt und dreifach. Beim normalen Gehen beispielsweise müssen die Knie das 2,5-Fache des Körpergewichts abfedern, beim Hinabsteigen einer Treppe das 3,5-Fache. Mit jedem Kilo weniger nimmt der Druckreiz im Gelenk ab – und damit auch der Schmerz.

Bei Menschen mit Gicht hilft eine (langsame!) Gewichtsabnahme, die zu hohe Harnsäurekonzentration wieder einzupegeln. Auch andere ungünstige biochemische Prozesse im Körper beruhen auf Übergewicht: Es ist mitursächlich für niedriggradige Entzündungen, die schleichend beginnen und je nach Veranlagung und Vorbelastung in verschiedene Erkrankungen münden können. Der Hauptübeltäter ist meistens das Bauchfett, das die Entzündungen anheizt (siehe Seite 41).

Setzen Sie auf viel Frisches und Gemüse!

Entzündungen stoppen

Um schädliche Entzündungsprozesse zu stoppen, weist die Ernährungsforschung den Weg zu frischer, naturbelassener Kost mit vielen vegetarischen Zutaten, wenig Fleisch, wenig Naschzeug und weniger Weizenprodukten. Es gilt als gesichert, dass bestimmte Stoffe in unseren modernen Lebensmitteln Entzündungen befeuern. Ganz oben auf der Liste stehen

Die Ernährungs-Docs

Gemüsebetont, frisch und abwechslungsreich – folgen Sie diesem Dreiklang, dann decken Sie in der Regel ganz automatisch Ihren Bedarf an sekundären Pflanzenstoffen, Vitaminen und Mineralstoffen. Ergänzen Sie dazu bewusst gute Öle.

Omega-6-Fettsäuren (siehe Seite 36) und einfache Kohlenhydrate, wie sie zuhauf in Fertigprodukten, Süßem und Backwaren zu finden sind. In den Industrieländern essen wir generell zu oft entzündungsfördernde Lebensmittel – und zu selten antientzündliche.

Bei Gicht Purine meiden

Neben der Gewichtsregulierung lautet bei Gicht das oberste Ziel: purinarm essen und trinken, um erneute Anfälle zu vermeiden und Langzeitschäden zu verhindern. Purine stecken in tierischen wie auch in pflanzlichen Lebensmitteln. „Purinbomben" sind die Haut von Fleisch und Fisch sowie Innereien. Aber auch Hülsenfrüchte, Spargel und andere ansonsten sehr gesunde Lebensmittel – wie zum Beispiel Hafer oder Sonnenblumenkerne – sind bei Gicht mit Vorsicht zu genießen. Milchprodukte dagegen senken das Gichtrisiko, und was viele freuen wird: auch Kaffee. Ohnehin müssen Gichtpatienten mehr trinken als andere.

Nährstoffbalance wiederherstellen

So unterschiedlich die Ernährungsempfehlungen für die jeweiligen Gelenkbeschwerden im Detail sein mögen – eines ist ihnen gemein: Wir tun uns Gutes, indem wir die Nährstoffzufuhr wieder richtig ausbalancieren. Unser Körper braucht alles im passenden Maß: nicht nur die Energielieferanten – Kohlenhydrate, Fett und Eiweiß –, sondern auch Wasser, Ballaststoffe für den Darm und die nicht zu unterschätzenden Mikronährstoffe (Vitamine und Co.).

Nährstoffe, die unser Körper braucht

Die sogenannten Makronährstoffe liefern Energie (Kalorien):

+ **Kohlenhydrate** sind für unseren Körper so etwas wie Benzin für den Motor. Sie bestehen in erster Linie aus kurzen oder längeren Ketten verschiedener Zuckermoleküle, die beim Verdauen zu Blutzucker (Glukose) zerlegt werden. Faustregel: je kürzer die Zuckerkette, desto süßer der Geschmack. Die Namen der diversen Zuckerarten enden meist auf -ose.
  Nahrungsmittel mit komplexen Kohlenhydraten enthalten neben den Zuckerketten auch Ballaststoffe, die zu einem länger anhaltenden Sättigungseffekt beitragen (z. B. Vollkornprodukte, Gemüse).
+ **Fette** sind der Baustoff für Hormone, Zellmembranen und Nervenzellen. Sie bestehen aus je einem Molekül Glyzerin und drei Fettsäuren. Besonders einige ungesättigte Fettsäuren (Omega-3 und Omega-6) müssen wir im richtigen Verhältnis mit der Nahrung aufnehmen.
+ **Eiweiße** (Proteine) setzen sich aus Aminosäuren zusammen. Sie sind unentbehrliche Grundbausteine für Muskeln, Hirn, Haut und Haare und – genau wie Fett – exzellente Sattmacher.

Die Mikronährstoffe liefern keine Energie:

+ Vitamine (A, B, C, D, E und K)
+ Mineralstoffe (darunter Kalium, Kalzium, Magnesium)
+ Spurenelemente (Eisen, Zink, Selen u. v. m.)

Mikronährstoffe haben lebenswichtige Funktionen beim Auf- und Abbau von Zellen, Geweben oder Hormonen. Bei Mangel gerät der Stoffwechsel aus dem Takt. Einige wirken antioxidativ.

Beispiele aus der Praxis

Fast wie ein neues Leben! Drei Menschen sind begeistert, dass anders essen so viel bewirkt. Sie fragen sich, warum sie diesen Weg nicht schon früher gegangen sind. Mit Gemüse, Eiweiß und gesundem Fett haben sie ihre Schmerzen weggegessen.

Arthrose

Spätestens als ihr Mann sie im Rollstuhl durch ein Möbelhaus schiebt, weil ihre Knie nicht mehr wollen, wird Gunda G. klar: So geht es nicht weiter! Sie hat Arthrose, der Knorpel im Gelenk ist kaputt. Für eine Knieprothese, also Gelenkersatz, fühlt sich die 58-Jährige noch nicht bereit. Die Ernährungs-Docs sehen die Chance, ihre Arthrose durch entzündungshemmende und knorpelstabilisierende Ernährung zu lindern.

Grundbaustein ist eine kohlenhydratarme, aber stärker proteinhaltige Lebensmittelauswahl. Dabei soll Gunda G. kaum Fleisch essen, sondern auf pflanzliche Eiweiße setzen – aus Gemüse und Hülsenfrüchten. Ihr Lieblingsgericht wird ein Salat aus roten Linsen, gewürzt mit Kreuzkümmel, Koriander und Muskat. Zusammen mit hochwertigem, Omega-3-haltigem Leinöl, das sie auf ihre fertigen Speisen gibt, trägt die Kombination zur Entzündungsbekämpfung bei.

Gunda G. im Gespräch mit Dr. Klasen.

Um ihre Knie zu entlasten, soll die passionierte Tanzlehrerin Gewicht reduzieren, durch Intervallfasten. Innerhalb von acht Stunden isst sie zwei Mahlzeiten – in den anderen 16 Stunden (meist über Nacht) fastet sie, isst nichts. In dieser Fastenzeit kommt es zu heilsamen Prozessen im Körper.

Und: Auf Rat der Ernährungs-Docs hat sich die Tänzerin Hagebuttenpulver (siehe Seite 23) im Internet bestellt. Studien zufolge soll es den Knorpelabbau im Gelenk bremsen. 5 g davon gibt sie täglich auf ihr Frühstück, Haferflocken mit Obst.

Ein halbes Jahr nach Beginn ihrer Ernährungsumstellung hat Gunda G. zehn Kilo Gewicht verloren – und zum Thema Arthrose sagt sie: „Meinen Knien geht es besser als je zuvor!"

Gicht

Seinen letzten Gichtanfall wird Jürgen H. nie vergessen: „Diese Schmerzen wünscht man seinem schlimmsten Feind nicht!" Sein rechter großer Zeh schwillt plötzlich an, wird rot und tut höllisch weh. Im Gelenk pikst es, spitz und scharf wie tausend Nadelstiche. Der 57-Jährige ist Lkw-Fahrer und ständig auf Achse. Er hat kaum Bewegung, isst zu viel Fleisch und Fett, wiegt 113 Kilo. Das hat den Ausbruch der Gicht gefördert.

Um den Harnsäurewert in seinem Blut zu senken, setzen die Ernährungs-Docs auf zwei Strategien: purin- und fruktosearme Ernährung sowie Gewichtsreduktion. Jürgen H. soll nicht mehr als 200 mg Purin am Tag zu sich nehmen, also kaum Fleisch und Wurst, bestimmte Fischsorten wie Sardinen, Sprotten oder Krustentiere meiden und keinen Alkohol trinken.

Zwei Köche am Herd: Dr. Riedl und Jürgen H.

Zusätzlich raten ihm die Ärzte, Weizen, Haushaltszucker und Fruchtzucker zu meiden, ebenso wie Produkte, die mit Fruktose gesüßt sind, wie Fruchtjoghurt, Müsliriegel oder Limonaden. Zum Frühstück isst er fettarmen Quark mit Heidelbeeren und 1 EL Leinöl. Mittags 1 Scheibe Brot, das er am Wochenende selbst backt: aus gemahlenen Mandeln und Flohsamenschalen, ganz ohne Mehl. Zum Abendessen gibt es hauptsächlich Gemüsegerichte, Eierspeisen und nur selten Fisch oder Fleisch. Insgesamt also wenig Kohlenhydrate und Fett – dafür viele Ballaststoffe und Eiweiß zur nachhaltigen Sättigung.

Schon nach wenigen Monaten zeigt seine Ernährungsumstellung die angestrebte Wirkung: Jürgen H. hat sieben Kilo abgenommen, und sein Harnsäurewert ist wieder im Normalbereich. Einen Gichtanfall hatte er seitdem nicht mehr.

Rheumatoide Arthritis

Fast 30 Jahre lang leidet Andrea R. unter Rheuma. Schmerzfreie Tage kennt die 52-Jährige nicht. Außer der Hüfte schmerzt alles vom Kiefer bis zum kleinen Zeh. Die Ernährungs-Docs empfehlen ihr eine Rheumadiät: pro Woche nicht mehr als 200 g Fleisch, kein Schweinefleisch, wenig Wurst und 1 bis 2 Eier. Denn diese Lebensmittel fördern Entzündungen. Omega-3-reiche Fette aus Ölen, Nüssen, Samen und fettem Fisch dagegen hemmen rheumatische Entzündungen. Statt Brot am Morgen isst Andrea R. ein Quarkfrühstück mit Obst sowie schonend unter Ausschluss von Sauerstoff, Hitze und Licht hergestelltem Lein- und Weizenkeimöl. Durch die Kombination mit Magerquark können die Omega-3-Fettsäuren aus den Ölen besser im Körper aufgenommen werden. Andrea R. wird zudem ein Fan von Grünzeug – wie Brennnesseln oder Möhrenkraut –, ideal für grüne Smoothies. Die macht sie sich nun fast täglich.

Und gegen ihr Rheuma hilft es: Nach mehr als vier Monaten hat sie weniger Schmerzen und macht dreimal die Woche Sport – vor der Ernährungsumstellung undenkbar. Der Erfolg ist auch messbar: Ihr Krankheitsaktivitätswert, der sogenannte DAS28 (siehe Seite 13), sinkt von 5,6 auf 2,5 – das heißt, die Erkrankung ist inaktiv. Deshalb kann die Cortisondosis reduziert werden. Andrea R. ist rundum begeistert, „weil ich ja schon so viele Jahre mit dieser Krankheit kämpfe – und dass es so viel besser wird, das hätte ich nie im Leben gedacht."

Andrea H. zur Beratung bei Dr. Fleck.

Die Anti-Entzündungs-Formel

Um schädliche Entzündungen einzudämmen, können wir statt in die Apotheke auch einfach auf den Markt gehen: In Pflanzen und Fischen finden wir wirksame Gegenmittel. Welche Fette gesund sind, was „Radikalfänger“ machen und wie viel uns „Superfoods“ nutzen: Ernährungs-Doc Anne Fleck klärt auf.

Bisher sollten wir fettarm essen – ist das jetzt falsch?

Die „Fettarm-Doktrin“ ist nach neuestem Stand der Wissenschaft überholt. Das über Jahrzehnte verteufelte Fett ist ein hervorragender Geschmacksträger, es macht satt und transportiert die fettlöslichen Vitamine A, D, E und K. Zum Teil kann es sogar chronische Entzündungen lindern! Es gibt jedoch sehr unterschiedliche Arten von Fetten, insofern sollte man bewusst die richtigen auswählen.

Sind tierische Fette in Ordnung?

Jein. Grundsätzlich sind inzwischen auch die gesättigten Fette tierischen Urspungs rehabilitiert. Man hat herausgefunden, dass das Herz-Kreislauf-Risiko durch gesättigte Fette, sogar Transfette aus Butter oder Milchprodukten, nicht steigt. Für Rheumatiker und Menschen mit entzündlichen Erkrankungen heißt es trotzdem aufpassen: In Eiern, Fleisch, Fisch und fetten Milchprodukten steckt viel Arachidonsäure. Das ist eine mehrfach ungesättigte Omega-6-Fettsäure. Unser Körper bildet sie auch selbst – ihr Nachteil ist jedoch, dass sie leicht zu Entzündungsbotenstoffen umgewandelt werden kann.

Arachidonsäure ist also der Bösewicht?

Wenn sie im Überfluss vorliegt, facht sie Entzündungen an. Eine antientzündliche Ernährung sollte deshalb wenig tierische Fette umfassen, höchstens 1 bis 2 kleine Portionen Fleisch und etwa 2 bis 3 Eier pro Woche. Bioware aus Freilandhaltung ist übrigens besser verträglich, denn sie enthält einen höheren Anteil an gesunden Fettsäuren. Und fetten Fisch sollten Gelenkpatienten sogar öfter essen: Da steckt zwar Arachidonsäure drin, aber mehr noch ihre Gegenspieler, die entzündungshemmenden Omega-3-Fettsäuren. Von denen haben wir normalerweise viel zu wenig auf dem Teller. Generell stimmt bei den meisten Menschen die Balance von Omega-6-Fettsäuren zu Omega-3-Fettsäuren nicht mehr.

Wie sieht die richtige Omega-Balance aus?

Heutzutage liegt das Verhältnis etwa bei 10 : 1 bis 20 : 1, bei den Steinzeitmenschen war es eher 3 : 1 – ungefähr da sollten wir hinkommen. Durch den Verzehr von gehärteten Fetten, Transfetten und stark verarbeiteten Nahrungsmitteln ist der Omega-6-Gehalt in der Ernährung leider deutlich angestiegen.

Wo finden wir denn die guten Omega-3-Fettsäuren?

Die wichtigen langkettigen Fettsäuren EPA und DHA (siehe Seite 40) liefern uns vor allem fette Kaltwasserfische, aber auch Mikroalgen und daraus hergestellte Öle oder Extrakte. ALA wiederum, das wir leider nicht ganz so gut verwerten können, steckt in pflanzlichen Produkten: allen voran in Leinöl, auch in Walnuss- oder Hanföl, dunkelgrünem Blattgemüse, Nüssen und Samen. Wichtig: Omega-3-Pflanzenöle sind wahre Mimosen! Schon der geringste Kontakt mit Licht, Sauerstoff und Hitze lässt diese Öle oxidieren, also ranzig werden – und dann nutzen sie nicht mehr, sondern können schaden. Verwenden Sie daher schonend hergestellte Öle mit Qualitätssiegel, etwa „Omega-safe“ oder „Oxyguard“, und bewahren Sie sie nach Anbruch im Kühlschrank auf. Das ist für den Therapieerfolg entscheidend.

Und welche Fette kann man zum Kochen nehmen?

Empfehlenswert sind die einfach ungesättigten Fettsäuren: etwa aus „nativem Olivenöl extra“, das zudem durch seinen hohen Polyphenolgehalt herzschützende Wirkung hat. Wichtig ist allerdings, das gilt auch für Rapsöl, diese Öle niemals so stark zu erhitzen, dass sie oxidieren, also über den Rauchpunkt hinaus. Dann werden sie ungesund. Also Vorsicht beim Einsatz der Bratpfanne! Bei Brutzeltemperaturen weit über 200 °C eignet sich für Gelenkkranke am ehesten helles Sesamöl (nicht nativ) oder Kokosöl.

Stichwort „oxidieren“: Wofür brauchen wir Antioxidantien?

Antioxidantien sind „Radikalfänger“. Sie schützen uns vor freien Radikalen, die Zellschäden hervorrufen können und deshalb als mitverantwortlich für Alterungsprozesse und diverse Erkrankungen gelten, etwa Gefäßschäden und Arthritis. Die Radikale sind Sauerstoffverbindungen, sie entstehen als Nebenprodukte bei der Zellatmung. Da ihnen ein Elektron fehlt, sind sie hochreaktiv, sie rauben sich das fehlende Elektron von einem anderen Molekül – das bezeichnet man als Oxidation. Zu häufige Oxidationsprozesse belasten den Organismus, „oxidativer Stress“ entsteht. Antioxidantien können die Kettenreaktionen stoppen, sie geben sozusagen freiwillig eines ihrer Elektronen ab. Wichtige Antioxidantien sind die Vitamine C und E und vor allem die sekundären Pflanzenstoffe.

Also noch ein Grund, mehr Gemüse und Obst zu essen.

Unbedingt, und dabei sollten wir auch die Wildkräuter und Gewürze nicht vergessen! Sie alle sind eine reiche Quelle gesundheitsfördernder Substanzen. Die meisten sekundären Pflanzenstoffe dienen der Pflanze übrigens zu ihrer eigenen Stärkung: etwa um sich vor Schädlingen oder zu starker UV-Einstrahlung zu schützen. Besonders antioxidativ wirksam sind beispielsweise pflanzliche Farbstoffe wie die Anthocyane in dunklen Beeren, Trauben oder Auberginen. Viel Gutes steckt auch in den Randschichten – also wenig schälen, aber immer gut waschen!

Wie hilfreich sind moderne Superfoods?

Um uns besser zu ernähren, brauchen wir nicht teure „Superfoods“ unklarer Qualität und Herkunft. Sondern es reichen natürliche, pure Lebensmittel ohne Zusatzstoffe aus unseren Regionen. Mutter Erde sorgt in ihrer Genialität dafür, dass wir Menschen hierzulande regional und saisonal keinen Mangel leiden! Zum Beispiel übertrifft unser kostengünstiger Rotkohl die exotische Açai-Beere bei Weitem im Gehalt an Antioxidantien. Einheimisch und überaus empfehlenswert sind auch andere Kohlarten wie Brokkoli oder Kohlrabi, grünes Blattgemüse wie Spinat, Beeren aller Art, Knoblauch, Zwiebeln, Tomaten sowie die ganze Palette der aromatisch frischen Kräuter und Gewürze (siehe folgende Seiten).

Die Küche als Hausapotheke

Dass Obst und Gemüse gesund sind, ist nicht neu. Aber auch viele Gewürze, einheimische wie exotische, punkten mit hervorragenden antientzündlichen Eigenschaften. Besonders die Scharfstoffe können Schmerzen und Entzündungen lindern. Faustregel: je schärfer, desto besser!

Kurkuma (Gelbwurz, siehe Foto oben) ist ein süßlich-scharfes Gewürz, es steckt typischerweise in Currys. Der enthaltene Farbstoff Curcumin wirkt Studien zufolge bei Arthrose nachweisbar schmerzlindernd. Gemischt mit etwas Öl und schwarzem Pfeffer, wird Kurkuma besser im Körper aufgenommen.

Die traditionelle chinesische wie die ayurvedische Medizin setzen **Ingwer** (siehe Foto oben) gegen Entzündungen ein, zum Beispiel bei Rheuma. Ingwer enthält schmerzlindernd wirkende ätherische Öle, Antioxidantien und viele Mineralstoffe. Für Tee frischen Ingwer einfach schälen, hacken, mit nicht mehr ganz kochend heißem Wasser aufgießen und zugedeckt ziehen lassen, um die ätherischen Öle zu erhalten.

Cumin (Kreuzkümmel, siehe Foto unten) ist eine typische Zutat in orientalischen Speisen wie Falafel. Seine Samen ähneln äußerlich Kümmel, schmecken aber ganz anders: nämlich würzig und leicht fruchtig-scharf. Studien zufolge lindert eine Mischung von **Kreuzkümmel, Koriandersamen und Muskatnuss** wirksam Arthroseschmerzen: ein- bis zweimal täglich pro Gewürz 1 Messerspitze ins Essen rühren.

Ebenfalls scharf und gesund: **Zwiebeln und Knoblauch** (siehe Foto unten) enthalten Schwefelverbindungen, etwa Allicin. Sie wirken vielfältig: hemmen Entzündungen, „desinfizieren von innen", senken den Blutdruck und schützen die Gefäße – beugen also Herzinfarkt und Schlaganfall vor. Außerdem liefern sie offenbar knorpelschützende Substanzen. In einer Studie wirkten sie vorbeugend gegen Hüftarthrose.

In **Kohlarten** steckt mehr antientzündliches Vitamin C als in Orangen. Brokkoli, Rosenkohl, Grünkohl und ihre Verwandten liefern eine ganze Palette wertvoller Vitamine und sekundärer Pflanzenstoffe.

Ein Geheimtipp unter den Sommergemüsen ist der unscheinbare **Portulak** (siehe Foto oben), der Vitamin A, C und E, Magnesium, Zink, Flavonoide und sogar Omega-3-Fettsäuren enthält. Die Zweige und Blätter verwendet man einfach für Salate oder Kräuterquark.

Sauerkirschen liefern – wie auch **blaue Trauben, Heidel- und andere Beeren** (siehe Foto unten) – viele Anthocyane. Das sind Pflanzenfarbstoffe, die in puncto Entzündungshemmung und Schmerzlinderung bis zu zehnmal wirksamer als Aspirin sein können.

Gut für Herz und Gefäße: natives, also nicht raffiniertes **Olivenöl.** Es schmeckt fruchtig oder leicht bitter – das liegt an seinen vielen sekundären Pflanzenstoffen. Die Vitamine und Polyphenole im Olivenöl wirken antioxidativ, schützen vor systemischen Entzündungen und teils sogar vor Krebs. Kalt gepresstes, natives Olivenöl gehört nicht in die Bratpfanne (siehe Seite 37)!

Leinöl ist unter den Pflanzenölen der beste Omega-3-Lieferant: Es enthält die entzündungshemmende Alpha-Linolensäure (ALA). Achtung: niemals erhitzen!

Capsaicin, der feurige Inhaltsstoff aus **Chilischoten,** regt die Durchblutung an, lindert Entzündungen und Schmerzen und stärkt das Immunsystem. Capsaicin ist auch der übliche Wirkstoff in Wärmepflastern.

Grüner Tee (Foto unten) enthält Katechine, die zu den stärksten Antioxidantien zählen. Davon profitiert die Verdauung ebenso wie unser Immunsystem. Grüner Tee verbessert zudem den Fettstoffwechsel und schützt vor Herz-Kreislauf-Erkrankungen. Auch **Kaffee** wirkt entzündungshemmend, und zwar durch seine Polyphenole – vor allem, wenn die Bohnen frisch gemahlen sind und man ihn schwarz trinkt. Gesundheitsfördernd sind bis zu drei Tassen täglich.

In Vollmilchschokolade sind die Antioxidantien des **Kakaos** zwar kaum nachweisbar, leider – aber ein kleines Stückchen hochprozentige Zartbitterschokolade (70 Prozent Kakaoanteil und mehr) darf als entzündungshemmend gelten.

Entzündungshemmer auf einen Blick

Substanz		Wo steckt viel davon drin?	Tipp
Antioxidantien*	**Vitamin C** Ascorbinsäure	Obst und Gemüse, vor allem: Paprika, Brokkoli, Rosenkohl, Grünkohl, Fenchel, Sanddorn, Hagebutte, Kiwi, Schwarze Johannisbeeren, Zitrusfrüchte	Vitamin C ist wasserlöslich und hitzeempfindlich, Gemüse also nur kurz dämpfen.
	Vitamin E Tocopherole/-trienole	Pflanzenöle, vor allem Weizenkeimöl**, auch rotes Palmöl, Olivenöl	Vitamin E ist recht hitzebeständig, übersteht großteils das Kochen.
	Polyphenole Resveratrol, Flavonoide, Anthocyane	rotes/blaues/violettes Obst und Gemüse wie Äpfel, Beeren, Granatäpfel, Kirschen, Pflaumen; Oliven(öl), Soja; Getränke wie Grüntee, Kaffee, (dunkler) Kakao, Rotwein; viele Gewürze wie Oregano, Zimt	Diese Antioxidantien kommen besonders in den Randschichten und Blättern von Pflanzen vor.
	Carotinoide Lycopin; Beta-Carotin (Lebensmittelfarbstoff E 160)	Tomaten, Papaya, Grapefruit; Möhren, Feldsalat, Grünkohl, Wassermelonen	Reife Tomaten enthalten viel Lycopin, Dosentomaten und Tomatenmark noch wesentlich mehr.
Bromelain		Ananas	Wirkt auch gerinnungshemmend.
Curcumin (Lebensmittelfarbstoff E 100)		Kurkuma (Gelbwurz), Currypulver	Curcumin ist besonders schmerzlindernd bei Arthrose und hemmt Krebs.
Capsaicin		Chili- und Paprikaschoten	Capsaicin wirkt schmerzlindernd und durchblutungsfördernd.
Galaktolipide		Hagebutte (ganze Frucht als Pulver – nicht im Hagebuttentee)	Galaktolipide sind fettlöslich und zerfallen bei Erhitzen über 40 °C.
Monoterpene Campher, Iridoide		in ätherischen Ölen z. B. von Kampferbaum, Teufelskrallenwurzel	Viele ätherische Öle wirken auch antibakteriell und antiviral.
Omega-3-Fettsäuren ALA (Alpha-Linolensäure), DHA (Docosahexaensäure), EPA (Eicosapentaensäure)		Leinöl***, Chiaöl***, Hanföl***, Walnussöl, Rapsöl; Leinsamen, Walnusskerne; fetter Seefisch wie Lachs, Hering, Makrele, Sardelle; Mikroalgen (Chlorella, Spirulina)	Omega-3-reiche Pflanzenöle niemals erhitzen und rasch verbrauchen!
Sulfide		Knoblauch und Zwiebeln	Antibakteriell und gefäßschützend.
Spurenelemente Zink, Eisen, Selen		Zink: Hülsenfrüchte, Fisch; Eisen: Petersilie, Sesam; Selen: Paranüsse	Nicht mehr als 2 Paranüsse pro Tag essen!

* Antioxidantien sollten nicht in Form isolierter Präparate aufgenommen werden. Am besten wirken sie im Zusammenspiel mit den anderen natürlichen Inhaltsstoffen.

** Weizenkeimöl nur für die kalte Küche nutzen, da es hitzeempfindliche Fettsäuren enthält.

*** Herstellung möglichst unter Ausschluss von Sauerstoff, Hitze und Licht (Oxyguard-/Omega-safe-Verfahren).

Warum der Bauch weg muss

Weniger Übergewicht bedeutet mehr Lebensqualität und längere Lebenserwartung. Insbesondere das Bauchfett produziert Störsignale im Stoffwechsel: Es fördert neben chronischen Entzündungen und Gicht zum Beispiel auch Diabetes und steigert das Herz-Kreislauf-Risiko. Ab wann wird es gefährlich?

Nahrungsenergie misst man in Kilokalorien (kcal). Wer sich nicht schwer körperlich betätigt, braucht pro Tag um die 24 kcal pro Kilo Körpergewicht für den „Normalbetrieb“ (der sogenannte Grundumsatz). Für eine 65 Kilo schwere Frau wären das gerundet 1550 kcal. Essen wir über den Energiebedarf hinaus, wandelt unser Stoffwechsel die überschüssigen Kalorien in Fett um – sie wandern als Reserve in die Pölsterchen.

Gefahr Bauchfett

Wenn noch Bewegungsmangel dazukommt, lagert der Körper seine Energiereserven in allen Organen und besonders im Bauchfett ab. Speck um die Körpermitte ist aber nicht nur ein optisches Problem: Fettzellen schütten zahlreiche Signal- und Botenstoffe (Zytokine, Hormone) aus, die an der Steuerung des Stoffwechsels beteiligt sind. Wissenschaftler sehen unsere Fettdepots inzwischen als größte Drüse des Körpers. Dabei ist das Fettgewebe im Bauchraum (viszerales Fett) gefährlicher als das Unterhautfettgewebe (subkutanes Fett): Es produziert viele schädliche Signalstoffe wie den Entzündungsmarker TNF-alpha. Sie greifen tief in den Stoffwechsel ein und machen krank.

Ab wann wird es kritisch?

Es gibt verschiedene Systeme, um das Risiko durch Übergewicht zu beurteilen. Verbreitet ist der Body Mass Index (BMI). Er wird berechnet, indem man das eigene Körpergewicht durch das Quadrat seiner Körpergröße in Metern teilt. Ist eine Frau 1,69 m groß und 85 Kilo schwer, dann hat sie einen BMI von 85 : (1,69 x 1,69) = 29,8. Als Normalgewicht gelten Werte zwischen 19 und 25, darüber spricht man von Übergewicht (Präadipositas), ab einem BMI von 30 von Adipositas. Die Frau im Beispiel liegt also an der Grenze zur Fettleibigkeit.

Maßband raus für den Bauchumfang!

Heute geht man davon aus, dass der Bauchumfang aussagekräftiger ist als der BMI. Bei Frauen gilt er ab 80 cm als bedenklich, bei Männern ab 94 cm. Bei über 88 cm (Frau) bzw. 102 cm (Mann) ist Abnehmen dringend geboten! Wie Sie eine Gewichtsnabnahme nachhaltig schaffen, erklärt Dr. Riedl auf den nächsten Seiten.

Und so messen Sie richtig:

Wann: vor dem Frühstück, nüchtern

Wie: stehend, mit freiem Oberkörper, beim Ausatmen

Wo: in der Mitte zwischen der untersten Rippe und der Oberkante des Hüftknochens bzw. an der dicksten Stelle des Bauchs (ungefähr in Bauchnabelhöhe).

Keine Radikalkuren bei Gicht!

Beim rapiden Abbau von Körperfett und Muskelmasse entstehen sogenannte Ketonkörper, die die Harnsäureausscheidung behindern und sogar einen akuten Gichtanfall auslösen können. Streben Sie eine Reduzierung von ein bis zwei Kilo Körpergewicht pro Monat an. Das geht wie von selbst mit einer Ernährungsumstellung (siehe Seite 44 und ab Seite 50).

Effizient abnehmen – wie geht das?

Wenn doch Abnehmen leichter wäre! Meist sagen die Kilos schon kurz nach ihrem Verschwinden wieder Hallo. Wie Gewichtsreduktion nachhaltig funktioniert, wo die Fallstricke liegen und wem Intervallfasten oder Formula-Diäten helfen, erklärt Ernährungs-Doc Matthias Riedl.

Warum helfen die meisten Diäten nicht dauerhaft?

Radikaldiäten lassen die Pfunde zwar purzeln, aber zum großen Teil über Muskelabbau. Leider sinkt dadurch auch der Grundumsatz (siehe vorherige Seite), denn Muskeln verbrauchen viel mehr Energie als Fettgewebe. Fällt man nach der Diät in alte Essgewohnheiten zurück, ist das Ausgangsgewicht ruck, zuck wieder drauf – der berühmte Jo-Jo-Effekt. Denn der Körper will seine Fettreserven wieder auffüllen und vorsichtshalber noch ein paar zusätzliche anlegen. Schlankhungern funktioniert vom Prinzip her nicht. Nachhaltigen Erfolg verspricht nur eine individuelle und dauerhafte Ernährungsumstellung.

Wenn wir Fett loswerden wollen, warum sollen wir dann Kohlenhydrate einsparen?

Früher dachte man: „Fett macht fett, Kohlenhydrate machen satt." Heute wissen wir, dass das genau andersherum ist. Kohlenhydrate zum Beispiel aus Brot werden bei der Verdauung zu einzelnen Zuckerbausteinen (Glukose) zerlegt. Zucker wiederum steigert den Insulinspiegel. Und genau da liegt das Übel: Insulin macht dick. Denn ist der Insulinspiegel hoch, dann wird der Fettabbau gebremst. Dabei wirken Weißbrot und Süßes aller Art natürlich schlimmer als Vollkornbrot: Sie treiben den Blutzucker am steilsten nach oben, provozieren viel Insulin – und machen aber gar nicht lange satt. Die komplexen Kohlenhydrate aus Gemüse und Vollkornprodukten gehen langsamer ins Blut und locken nicht so viel Insulin.

Fazit: Nur wer Sport macht, darf bei Reis, Kartoffeln, Nudeln und Co. tüchtig zugreifen.

Hilft der Umstieg auf Süßstoff und Zuckeraustauschstoffe?

Diese Süßungsmittel verändern leider die Darmflora ungünstig und lösen häufiger Verdauungsbeschwerden aus. Das Grundproblem bleibt: Bei vielen Menschen sind die Geschmacksnerven an starke Süßung gewöhnt, ja in gewissem Maße „süßresistent" geworden. Denn leider werden heutzutage vor allem industriell verarbeitete Lebensmittel vom Fruchtjoghurt über Mixgetränke bis zum Müsli geradezu mit Süßungsmitteln geflutet.

Fruktose (Fruchtzucker) zum Beispiel ist deutlich süßer als Haushaltszucker und auch deshalb so oft in Getränken oder Fertigprodukten zu finden. Dabei steht schon länger fest, dass gerade Fruktose eine maßgebliche Ursache für Übergewicht, Fettleber und verwandte Erkrankungen ist. Auch dass sich seit den 70er-Jahren die Zahl der Gichtkranken verdreifacht hat, liegt mit am gestiegenen Fruktosekonsum. Also: lieber die Geschmacksnerven nach und nach wieder an natürliche, frische Kost gewöhnen, als zum Zuckerersatz zu greifen.

Eiweiß gilt als Abnehm-Turbo. Warum?

Gewichtsabnahme bedeutet für den Stoffwechsel den Notfall: „Verhungern droht." Er stemmt sich dagegen und schüttet viele Hungerhormone aus. Die sollen uns dazu bringen, wieder mehr zu essen und den Verlust auszugleichen. Deshalb ist es enorm wichtig, dass wir bei jeder Gewichtsabnahme besonderen Wert auf eine gute Sättigung legen. Die erreicht man durch zwei Dinge: zum einen durch eine ordentliche Magenfüllung – da ist Gemüse perfekt. Und zum anderen durch Eiweiß, das ist der Sattmacher Nummer eins. Aber Vorsicht! Zu viel davon macht auch dick. Ideal sind 1 bis 1,2 g Eiweiß pro Kilo Körpergewicht – verteilt auf zwei bis drei Mahlzeiten.

Wie decken Gelenkpatienten ihren Eiweißbedarf?

Pflanzliches Eiweiß aus Nüssen und Hülsenfrüchten ist besonders geeignet bei Arthrose und Rheuma. Denn da kommt gleich eine Portion entzündungslindernder Pflanzenstoffe mit. Bei Gicht sind auch Milchprodukte eine gute Wahl.

Neuerdings wird Intervallfasten empfohlen …

Ja, jedes Fasten trainiert den Stoffwechsel und senkt die Entzündungsneigung des Körpers. Wichtig ist, dass der Insulinspiegel richtig runterpurzelt und Körperfett effektiv abgebaut werden kann. Allerdings verliert der Körper ab dem dritten Fastentag auch Muskeleiweiß, das will wieder aufgebaut sein. Kraftsport ist dann ein Muss, besonders im fortgeschrittenen Alter. Sind die Fastenintervalle aber nur kurz, bleibt der unerwünschte Muskelabbau aus. Es gibt zwei Intervallfasten-Methoden: 5 : 2 – das heißt: fünf Tage normal essen, an zwei Tagen Kalorien auf 500 bis 600 kcal reduzieren und Kohlenhydrate meiden. So lernt der Stoffwechsel, von seinen Reserven zu leben. Oder 16 : 8 – das ist der bequemere Weg: Man fastet 16 Stunden über Nacht. Also je nach Vorliebe keine späte Mahlzeit essen oder keine frühe. Das Nachtfasten erzielt ähnlich gute Ergebnisse wie ein zweitägiges Fasten.

Was ist beim Intervallfasten zu beachten?

Es ist wichtig, in den Phasen der Nahrungsaufnahme nicht mehr zu essen als gewohnt und zwischen den Mahlzeiten Pausen von mindestens vier bis fünf Stunden einzuhalten. Unbedingt genug trinken, auch in der Fastenphase – Kalorienfreies wie Wasser, ungesüßten Tee oder auch etwas Kaffee. Diabetiker sollten mit ihrem Arzt sprechen, um Unterzuckerungen zu vermeiden. Generell bei chronischen Erkrankungen den Arzt fragen. Ansonsten ist Intervallfasten für jeden geeignet, weil es die natürlichen Esspausen simuliert, denen der Mensch seit Anbeginn ausgesetzt war. Man kann fast sagen: Wir brauchen das. Eine Verringerung der täglichen Kalorienaufnahme verlängert das Leben, verhindert Krebs und wirkt gegen Entzündungen – davon profitieren Gelenkerkrankungen besonders.

Wann ist eine Formula-Diät zu empfehlen?

Formula-Diäten haben ihren Platz, wenn ein besonders hohes Gewicht besonders schnell reduziert werden muss, weil die Gesundheit stark bedroht ist. Dafür gibt es klare medizinische Vorgaben. Voraussetzung ist der Einsatz einer medizinischen Formula-Diät ohne billigen Zuckerzusatz – und zwar unter der Aufsicht von erfahrenem medizinischem Fachpersonal und mit anschließender Umstellung der Ernährung. Nur wer auf diese Weise vorgeht, nimmt keinen Schaden. Bitte nicht auf eigene Faust mit einem Drogerieprodukt loslegen – sonst endet das schnell im Jo-Jo-Effekt.

Ernährungsumstellung – so gelingt sie

Eine Ernährungsumstellung ist keine Diät und hat nichts mit Hungern zu tun. Stattdessen geht es darum, ungesunde Gewohnheiten konsequent und nachhaltig durch gesündere zu ersetzen. So purzeln die Kilos dauerhaft, Schmerzen lassen nach – Sie fühlen sich rundum wohl und leistungsfähiger.

Ihre neue Ernährung muss ganz individuell zu Ihnen passen. Denn nachhaltig bei der Sache bleiben werden Sie nur, wenn Sie satt sind und es Ihnen schmeckt. Eine dauerhafte Ernährungsumstellung leistet genau das: Im Einklang mit Ihren Vorlieben wird variiert, welche Lebensmittel Sie öfter essen sollten und welche lieber seltener. Dabei gibt es keinen vorgefertigten Speiseplan, sondern viele Möglichkeiten zum Ausprobieren. Tasten Sie sich heran: Denn schon kleine Veränderungen können sehr viel bewirken! Das Ziel ist eine abwechslungsreiche und alltagstaugliche Vollkost. Unter den empfehlenswerten Lebensmitteln (siehe ab Seite 50) wählen Sie die aus, die Sie mögen, und kombinieren sie möglichst vielfältig.

Zu jeder Hauptmahlzeit gehören dabei:

+ Komplexe Kohlenhydrate (siehe Seite 42)
+ Maßvoll Eiweiß (siehe Seite 43)
+ Ausreichend gute Fette (siehe Seite 36).

Schritt für Schritt erfolgreich umstellen

+ Setzen Sie sich ein konkretes Ziel – etwa Ihr Wunschgewicht oder darauf, dass Sie bestimmte Bewegungen wieder ausführen oder auf bestimmte Medikamente verzichten können. Informieren Sie Ihren Arzt und Ihren Partner darüber und schreiben Sie das Ziel in Ihr Ernährungstagebuch (siehe Beilage). Das schafft Verbindlichkeit.
+ Analysieren Sie mit Ihrem Ernährungstagebuch: Was und wie viel esse ich wann?
+ Ermitteln Sie die Motive für ungesunde Gewohnheiten: Langeweile, Durst, Bequemlichkeit, Trostessen? Überlegen Sie, was Abhilfe schafft.
+ Räumen Sie auf: Verschenken Sie am besten alle Lebensmittel, die nicht mehr in Ihre neue gesunde Ernährungsweise passen.
+ Öffnen Sie sich für Veränderungen: Experimentieren Sie mit Zutaten, probieren Sie ungewohnte Aromen. Bringen Sie Abwechslung in den Speiseplan.
+ Schreiben Sie weiter Ernährungstagebuch – so erkennen Sie, welche Nährstoffe tatsächlich auf Ihrem Teller landen. Kontrollieren Sie Ihr Gewicht, aber stellen Sie sich nicht zu oft auf die Waage: einmal pro Woche reicht.
+ Haben Sie das neue Prinzip einmal erfolgreich im Alltag etabliert, sind einzelne Ausreißer erlaubt. Was zählt, ist das langfristige Ziel.
+ Seien Sie körperlich aktiv! Sie verbessern damit Ihre Verdauung, „ölen“ Ihre Gelenke und bauen Spannungen ab. Jede Bewegung von gewisser Dauer und Intensität hilft (siehe Seite 28).

Arbeiten Sie mit einem Ernährungstagebuch!

Unsere Rezepte (siehe ab Seite 56) helfen Ihnen, die nötigen Nährstoffe im richtigen Maß aufzunehmen. Wir haben neben den Kalorien immer auch den Gehalt an Kalzium (Ca) und Purin mit angegeben. Partner und Familie können übrigens bei all diesen Gerichten auch gern zugreifen und sind so bestens versorgt!

Dauerhaft schlank mit LOGI

Unser Ansatz zur Gewichtsreduzierung und -stabilisierung lehnt sich an die LOGI-Methode an. Die Abkürzung steht für „Low Glycemic and Insulinemic", was niedriger Blutzucker- und Insulinspiegel bedeutet. Das Prinzip geht in eine sehr ähnliche Richtung wie der zunehmend empfohlene „Low Carb"-Ansatz (englisch für: Reduzierung von Kohlenhydraten).

Nach LOGI sollten wir unsere Kost so zusammenstellen, dass sie den Blutzuckerspiegel nicht zu stark in die Höhe treibt. Denn wenn ständig Insulin im Blut kursiert, kann der Körper nicht auf Fettabbau schalten (siehe Seite 43).

Hindernisse überwinden

Eine Umstellung erfordert etwas Organisation und manchmal auch allerhand Willenskraft: etwa wenn der Partner nicht mitzieht oder Kollegen einem ständig etwas vornaschen. Sie sollten den Zeitpunkt für Ihre Ernährungsumstellung daher mit Bedacht wählen: In Stressphasen neigen viele Menschen dazu, in gewohnte Verhaltensmuster zurückzufallen. Auf das süße Trostpflaster folgen dann Frust, Selbstvorwürfe und schlimmstenfalls Aufgabe.

Lassen Sie sich aber nicht entmutigen! Sollte es im ersten Anlauf nicht klappen, starten Sie einen zweiten. Falls Sie Unterstützung brauchen, finden Sie fachkundige Hilfe bei den Schwerpunktpraxen Ernährungsmedizin oder bei Ernährungswissenschaftlern und Diätassistenten in freier Niederlassung (siehe Seite 181). Einige Krankenkassen unterstützen Ernährungsberatung durch Zuschüsse oder tragen sie ganz.

Halten Sie Ihren Arzt auf dem Laufenden!

Sehen Sie sich und Ihren Doktor als Team, das auf ein gemeinsames Ziel hinwirkt: die Steigerung Ihrer Lebensqualität. Besprechen Sie Ihre Ernährungsumstellung mit dem behandelnden Arzt. Ist dieser skeptisch, dann ziehen Sie im Zweifelsfall einen Ernährungsmediziner oder -berater hinzu. Denn Ihre Medikation muss parallel zu den Erfolgen der Ernährungstherapie angepasst werden.

Die Ernährungs-Docs

Eigenverantwortung für die Gesundheit heißt: Es geht nicht ohne gelegentlichen Verzicht. Seien Sie streng mit sich, aber nicht zu streng! Bewusste Ernährung darf nicht in Selbstkasteiung enden. Denn Gesundheit ist ein ganzheitlicher Prozess – und auch Genuss und Lebensfreude gehören unbedingt dazu.

Antworten auf Alltagsfragen

Gute Vorsätze sind nicht leicht umzusetzen, wenn die Zeit fehlt oder die Richtlinien viel zu kompliziert wirken. Wie kommt man mit bewusster Ernährung entspannt durch den Tag? Die Ernährungs-Docs beantworten oft gestellte Fragen und helfen mit leicht zu merkenden Faustregeln.

Wie vermeide ich Heißhungerattacken?

Indem Sie sich zur Hauptmahlzeit satt essen, das heißt: die richtige Menge und die richtige Nährstoffkombination. Der Magen fasst etwa das Volumen von zwei bis drei Fäusten. So viel sollte hinein. Um lange satt zu bleiben, sind zwei Komponenten wichtig: erstens komplexe Kohlenhydrate (aus Gemüse und/oder Vollkorn) und zweitens Eiweiß (etwa aus Fisch, Milchprodukten oder Nüssen). Ergänzen Sie gutes Öl oder Fett. Und wenn der Süßhunger sich trotzdem mal meldet: Nehmen Sie 1 bis 2 Tropfen Bitterstoffkonzentrat aus der Apotheke vom Handrücken ein. Durch den bitteren Geschmack lässt der Appetit nach.

Wie groß sollte eine Portion sein?

Dafür gibt es Faustregeln: Gemüse, Salat, Rohkost und Pilze füllen prächtig den Magen, ohne den Blutzucker hochzutreiben. Noch dazu sind sie die besten Lieferanten von entzündungshemmenden Pflanzenstoffen. **Zwei Handvoll** auf dem Teller sind ideal.

Für kohlenhydratreiche Beilagen wie Reis, Kartoffeln, Nudeln oder für Brot richten Sie sich dagegen nach dem **Handtellerprinzip:** Die richtige Menge pro Mahlzeit passt auf die Mitte Ihrer Hand. Wer sich viel bewegt oder körperlich arbeitet, darf großzügiger sein.

Beim sättigenden Eiweiß können Sie sich ungefähr an der Größe Ihrer **Handfläche** orientieren. Fleisch sollte dabei nur ein-, zweimal wöchentlich auf den Tisch kommen. Menschen mit Gicht decken ihren Eiweißbedarf am besten überwiegend durch Milchprodukte und Eier, bei Arthrose oder Arthritis dagegen durch Hülsenfrüchte (Linsen, Bohnen, Tofu) oder Fisch.

Welche Snacks sind erlaubt?

Falls Sie ohne Zwischenmahlzeit nicht auskommen, dann probieren Sie Knabbergemüse oder 1 kleine Handvoll Nüsse. Bei Gicht kann auch 1 kleiner Naturjoghurt mit frischen Beeren oder 1 hart gekochtes Ei auf gesunde Art den Hunger stillen.

Muss man täglich warm essen?

Nein. Auch kalte Gerichte wie Salate oder Sushi sind sehr nahrhaft. Wer sich oft mit Stullen über den Tag rettet, der sollte jedoch Alternativen erwägen: zumindest auf Low-Carb-Brot umsteigen und als „Streichfett" Frischkäse, Avocado oder pürierte Oliven probieren. Dazu Obst und Rohkost kombinieren.

Ich habe wenig Muße zum Kochen. Was spricht gegen Fertiggerichte?

Einmal die Woche ein Fertiggericht ist verschmerzbar. Aber in vielen Fertigsuppen, -saucen, -dressings und Co. stecken ungesunde Transfette, Zucker- oder Füllstoffe, Geschmacksverstärker, Konservierungsstoffe

Die Ernährungs-Docs

Nicht nur die Nahrungsmittel, die wir verzehren, sind entscheidend: Von elementarer Bedeutung ist auch das achtsame Essen. „Gut gekaut ist halb verdaut" – wie leicht vergisst man das im hektischen Alltag. Nehmen Sie sich Zeit! Das Sättigungssignal kommt erst nach 15 bis 20 Minuten im Gehirn an.

sowie zu viel Salz. Selbst Bio- oder Reformhausware ist nicht immer frei davon. Sie sollten deshalb zumindest die Öle, Würz- und Bindemittel in Ihrem Essen lieber selbst aussuchen. Also: nicht am Kochen sparen, sondern es effizient organisieren! Tipps für Eilige:

+ Schreiben Sie einen Wochenspeiseplan und planen Sie Ihren Einkauf.
+ Nutzen Sie Lebensmittellieferdienste – die werden immer günstiger.
+ Küchenfertiger Fisch und pures Gemüse aus der Tiefkühlung müssen vom Nährstoffgehalt den Vergleich mit Frischware nicht scheuen.
+ Suppen, Saucen oder Eintöpfe kann man auf Vorrat kochen und portionsweise einfrieren.
+ Auch Beilagen halten sich mehrere Tage im Kühlschrank.
+ Investieren Sie in Küchenhelfer: Brotbackautomat, Dampfgarer, Standmixer, Küchenmaschine mit Multischneider. Achten Sie beim Kauf darauf, dass sich die Geräte leicht reinigen lassen.
+ Und: Versuchen Sie unsere leckeren Blitzrezepte (siehe Seiten 120 und 160)!

„5 am Tag" – wie setzt man das um?

Täglich 5 Handvoll Obst und Gemüse werden empfohlen – wobei der Schwerpunkt auf Gemüse liegt. Rohe Kost bedeutet allerdings Höchstleistungen für den Darm, der abends eher leicht verdauliche Speisen schätzt. Denn der Stoffwechsel schaltet zur Nacht auf Wartungsbetrieb. Reagiert Ihre Verdauung empfindlich, dann sollten Sie Smoothies, Salate oder Knabbergemüse nur bis zum Nachmittag verzehren und die abendliche Gemüseportion im Ofen garen (siehe zum Beispiel Seite 136) oder dünsten.

Nutzen Nahrungsergänzungsmittel?

Sie sind das „Beiboot der bewussten Ernährung" – genussvolles, ausgewogenes Essen können die Präparate nie ersetzen. Oft besteht das Risiko der Überdosierung, die Substanzen wirken anders als im natürlichen Verbund, kritisch sind zum Teil auch die Zusatzstoffe. Wer immunsuppressive Medikamente nimmt, für den kann in Erkältungszeiten eine moderate Dosis Zink zur Infektabwehr sinnvoll sein. Vielen fehlt im Winter auch Vitamin D. Ohne Rücksprache mit dem Arzt sollte man aber keine Nahrungsergänzungsmittel dauerhaft einnehmen.

Entzündungshemmende Smoothies

Smoothies gelten als supergesund. Die aus purem Obst sind aber zurückhaltend zu genießen, denn sie sind sehr zuckerlastig. Viel besser: „grüne Smoothies", die zur Hälfte aus Gemüse oder Kräutern bestehen. Selbst das Grün von Kohlrabi, Fenchel oder Möhren, das man sonst beim Putzen wegwirft, macht sich darin mit seinen Antioxidantien nützlich. Im Winter helfen Tiefkühlgemüse und -kräuter. Das Omega-3-reiche Leinöl und die basenreiche Avocado als Zutat liefern ungesättigte Fettsäuren, die Entzündungen bekämpfen.
Wichtig: Ein Smoothie ist eine richtige Mahlzeit – er sollte sogar gekaut werden!

Verpflegung unterwegs

Sie sind viel unterwegs oder müssen berufsbedingt oft auswärts essen? Die Fettnäpfchen lauern in Kantine und Schnellimbiss: Um Pommes, Wurst, Panaden und mächtige Aufläufe sollten Sie einen Bogen machen. Leckere und gesunde Alternativen bietet die exotische Küche. Vielleicht entdecken Sie ein neues Lieblingsrestaurant?

Wenn unklar ist, wann und wo Sie Ihre Energiespeicher wieder auffüllen können, dann bleiben Sie am besten autark: Mit 2 Scheiben Vollkornbrot samt Belag und ordentlich Rohkost gehen Sie auf Nummer sicher. Oder mit einem grünen Smoothie und einer Handvoll Nüssen. Im Rezeptteil (ab Seite 56) finden Sie eine Auswahl an Gerichten für unterwegs – erkennbar am Taschensymbol. Nicht vergessen: dazu Wasser oder eine Thermoskanne ungesüßten Tee einpacken!
Imbisse, Bäckereien und auch die meisten Kantinen sind leider keine Horte gesunden Essens. Überdies fallen die dort servierten Portionen oft zu groß aus (siehe Faustregeln Seite 46). Doch was tun, wenn man mittags nur diese Wahl hat?

Was nehme ich beispielsweise ...

... in der Kantine?

+ Vorab gern einen kleinen Salat mit Essig-Öl-Dressing oder eine klare Gemüsebrühe
+ Fischfilet oder gelegentlich ein Stück Putenbrust, Natur bzw. gegrillt, mit einer großen Portion Gemüse, dazu Salzkartoffeln oder Reis
+ Vegetarisches Wokgericht oder leichte Gemüsepfanne
+ Blattsalat mit Rohkost (wenig Mais – zu viele Kohlenhydrate!), dazu ein Vollkornbrötchen und eine geeignete Eiweißquelle
+ Bei Gicht: Omelett
– Lasagne, Aufläufe, Eintöpfe oder Pfannengerichte
– Paniertes wie Schnitzel, Chicken Nuggets, Kroketten, Back-Camembert, Fischstäbchen
– Fertigdressings und Saucen am besten meiden

... an der Imbissbude oder im Dönerladen?

+ Salat (Beilage, Dressing wie in der Kantine)
+ Bei Rheuma und Arthrose: Falafel mit Gemüse oder Rohkost und Hummus
– Döner, Gyros, Bratwurst, Currywurst, Pommes

... beim Bäcker?

+ Brötchen oder Baguette, möglichst Vollkorn, mit Frischkäse und Rohkost
– Croissant, Mini-Pizza, Käsestange, Laugengebäck, süße Backwaren

Asiens heilsame Aromen

Currys, Wokgerichte, Misosuppe ... In den verschiedenen Landesküchen Asiens gibt es gesunde und leckere Alternativen zu entdecken. Indische, chinesische oder Thai-Restaurants bieten eine große Auswahl vegetarischer Gerichte, oft sogar zum Mitnehmen. Haben Sie schon Sushi probiert? Die japanischen Reisröllchen werden mit Fisch- oder Gemüsefüllung angeboten. Die dazugehörige scharfe Würzpaste Wasabi regt die Verdauung und Nierenfunktion an – hilfreich bei allen Gelenkerkrankungen. Bei Gicht jedoch die Sojamenge im Blick behalten!

Richtig trinken

Über den Tag verteilt braucht unser Körper rund 2 Liter Flüssigkeit. Drei Viertel davon sollten wir durch Getränke decken, am besten durch kalorienfreie Durstlöscher wie Mineral- und Leitungswasser oder ungesüßte Tees. Meiden Sie Softdrinks und seien Sie sehr sparsam mit Alkohol und Säften – besonders bei Gicht.

Stoffwechselabfälle entsorgt unser Körper über die Nieren. Durch den Urin und die Atmung verlieren wir Wasser. Das muss kompensiert werden – allerdings nur zum Teil durch Getränke. Denn auch feste Nahrung liefert Flüssigkeitsanteile. Rund 1,5 Liter täglich sollten wir normalerweise trinken, das sind sechs bis sieben große Gläser – bei Gicht werden 2 bis 3 Liter empfohlen. Mehr ist sonst nur nötig beim Sport, bei großer Hitze oder bei Fieber. Denn wer zu viel trinkt, verliert über den Harn wichtige Mineralstoffe.

Gesunde Trinkgewohnheiten

Da das natürliche Durstgefühl mit zunehmendem Lebensalter nachlässt, sind Rituale hilfreich, um die nötige Tagestrinkmenge zu erreichen:

- Starten Sie den Tag mit einem großen Glas Wasser oder Tee.
- Zu jeder Mahlzeit gehört ein kalorienfreies Getränk – das führt auch zu einer besseren Sättigung.
- Trinken Sie, bevor Sie Durst bekommen.
- Halten Sie Wasser oder Tee unterwegs parat: nicht nur bei Sport und Ausflügen, auch bei Spaziergängen, bei Gartenarbeit oder beim Stadtbummel.

Vorsicht, Dickmacher!

Angenommen, wir tränken morgens Milchkaffee, tagsüber Fruchtsaft und Limo, abends ein alkoholfreies Bier: Dann hätten wir allein damit schon rund ein Drittel unseres Tagesenergiebedarfs gedeckt. Denn alles außer purem Wasser, Tee oder Kaffee und fettfreier Brühe liefert reichlich flüssige Kalorien. Light-Getränke sind gelegentlich eine Alternative, aber besser keine Dauerlösung. Insbesondere Cola hat Tücken: Die enthaltenen Phosphate rauben dem Organismus Kalzium und schädigen die Knochensubstanz. Smoothies (siehe Seite 47) zählen übrigens selbst als Mahlzeit, sie sind keine Durstlöscher!

Kaffee? Ja, bitte!

Auch Schwarztee oder Kaffee können Sie in Ihre Trinkbilanz einrechnen. Besser noch: Die Muntermacher senken den Harnsäurespiegel und wirken antientzündlich. Bis zu drei Tassen frisch gemahlener und gebrühter Kaffee jeden Tag dürfen also glatt als Therapie gelten.

Allerdings: Wer an Sodbrennen leidet oder tablettenbedingte Magenprobleme hat, muss aufpassen wegen der magenreizenden Gerbsäuren. Studien legen zudem nahe, dass Milch im Kaffee oder Tee die antioxidativen Wirkstoffe blockiert.

Alkohol: schlecht bei Gicht, okay bei Rheuma

Bereits ein tägliches Glas Bier erhöht bei Gichtpatienten das Anfallsrisiko um ein Drittel – bei Gerstensaft und Spirituosen sollten Sie lieber abstinent bleiben. Ein gelegentliches Glas trockenen (Rot-)Wein müssen Sie sich aber nicht versagen. Für Rheumatiker ist ein Schoppen sogar heilkräftig: Mehrere Studien weisen darauf hin, dass mäßiger Alkoholkonsum bei ihnen die Beschwerden lindert. Wer also gern ein kleines Glas Wein oder Bier abends mag: Wohl bekomm's!

Auf einen Blick: Essen für starke Gelenke

Das Wichtigste:

- **Rauchen einstellen!** Jede gerauchte Zigarette steigert das Risiko, an einer chronischen Gelenkentzündung zu erkranken.
- **Normalgewicht anstreben** und halten: Übergewicht fördert Gelenkerkrankungen. Achten Sie auf angemessene Portionsgrößen (siehe Seite 46).
- **Weißmehlprodukte und Zucker einsparen –** auch Fruchtzucker und versteckten Zucker in Getränken und Fertigprodukten. Süßstoffe nicht bedenkenlos konsumieren – lieber den Geschmack nach und nach an weniger Süße gewöhnen.
- **Gesunde Fette verwenden!** Entzündungshemmendes Leinöl (Omega-3-schützend hergestellt) in der kalten Küche (siehe Seite 36).
- **Wenig Fleisch** essen: höchstens 2-mal wöchentlich. Als Eiweißquelle Nüsse und Hülsenfrüchte nutzen (bei Gicht Purinmengen beachten).
- **Geschmacksverstärker meiden** (Fertiggerichte, Knabberkram, Gewürzmischungen).
- **Für starke Knochen: genügend Kalzium** aufnehmen (siehe rechte Seite).

Tellerprinzip (LOGI-Methode)

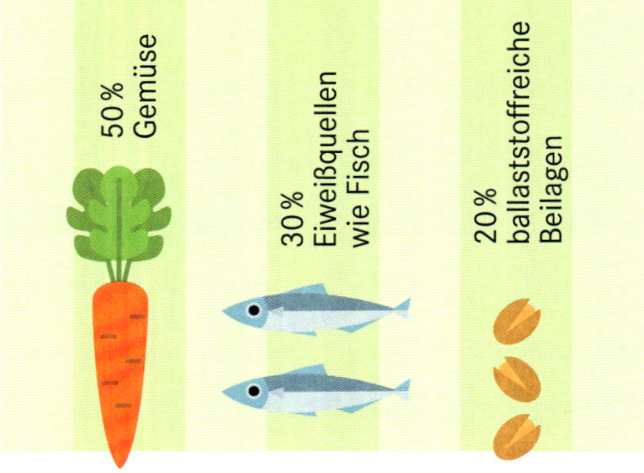

- **Regelmäßig bewegen – am besten im Freien** zur Vitamin-D-Bildung: Bewegung „schmiert“ den Gelenkknorpel, schützt gegen Osteoporose und senkt das Gichtrisiko.

Bei Arthrose und Rheuma:

- **Vorsicht mit tierischen Fetten** (z. B. in Sahne oder Eiern): Sie enthalten entzündungsfördernde Arachidonsäure!
- **Antioxidantien unterdrücken die Entzündungsaktivität.** Reichlich Gemüse und Obst genießen – möglichst Schale oder Stängel mitverwenden.
- **Fetter Seefisch enthält den Entzündungshemmer DHA.** Daher 2-mal wöchentlich (Wild-)Lachs, Hering, Makrele – notfalls DHA (siehe Seite 40) als Nahrungsergänzung.
- **Kurtage** bei Bedarf einstreuen – mit Leinöl-Frühstücksquark plus 2 grünen Smoothies als Mahlzeitenersatz.
- **Schmerzlindernde Gewürze nutzen:** Kurkuma (3-mal täglich ½–1 TL) oder Kreuzkümmel, Koriander und Muskatnuss (siehe Seite 38).
- **Bei Arthrose** helfen täglich 5 g standardisiertes **Hagebuttenpulver** (nicht Tee): Galaktolipide können den Knorpelabbau hemmen.
- **Rheumatikern fehlen häufig Vitamine** (z. B. B_1, B_6, E), Magnesium und Kupfer. Dagegen helfen grüner Tee, Nüsse, Weizenkeime, Vollkorngetreide, Linsen und Cashewkerne. Gegen Selen- und Zinkmangel täglich 2 Paranüsse (nicht mehr).

Bei Gicht:

- **Höchstens 200 mg Purin täglich.** Unsere Rezepte und kostenlose Apps (www.gichtliga.de/Templates/purinrechner.php) helfen dabei.

- Speziell **Fruchtzucker** (Fruktose) **vermeiden.**
- **Übergewicht langsam reduzieren** – ein bis zwei Kilo pro Monat reichen; raschere Gewichtsabnahme kann Gichtanfälle auslösen!
- **Haut** von Fisch oder Fleisch niemals mitessen.
- **Milchprodukte senken das Gichtrisiko!**
- **Viel trinken:** pro Tag 2–3 l Wasser, ungesüßte Kräutertees. Kaffee senkt den Harnsäurespiegel.
- **Auf Bier und Spirituosen verzichten.** Auch alkoholfreies Bier enthält Purine! Gelegentlich 1 kleines Glas trockener Wein ist möglich.

Wirksam die Knochen schützen

Der Tagesbedarf an Kalzium liegt bei mindestens 1000 mg für Erwachsene und 1200 mg im Jugendalter. Gute Kalziumquellen sind fettarme Milchprodukte, Algen, Brokkoli, grünes Blattgemüse und Sesam. Kalzium kann man auch trinken: Mineralwasser mit mehr als 300 mg/l Kalzium ist kalziumreich. Um Kalzium im Dünndarm zu resorbieren, benötigen wir Vitamin D und Magensäure. Im Alter oder bei Einnahme von PPI (siehe Seite 21) gelingt es oft nur durch Calciumcitratpräparate, den Bedarf sicherzustellen.

Übersäuerung vorbeugen

Von einer basenbetonten Ernährung, wie in diesem Buch empfohlen, profitiert der gesamte Organismus. Die chronische Übersäuerung des Körpers führt nicht nur zur Anfälligkeit für Schmerzen an Gelenken und am Bewegungsapparat, sondern auch zu Müdigkeit und eingeschränkter Belastbarkeit. Der Säure-Basen-Haushalt ist entscheidend für die Regulation des Stoffwechsels: Ein gesunder Organismus hat einen pH-Wert von 7,4. Um diesen Wert konstant zu halten, gibt es ausgeklügelte Puffersysteme. Vor allem der Konsum von Zucker und einfachen Kohlenhydraten produziert einen Säureüberschuss im Bindegewebe. Ungünstig sind außerdem zusatzstoffreiche Nahrungsmittel, Geschmacksverstärker, Nikotin, zu viel Alkohol und starke körperliche und psychische Beanspruchung.

Gutes für den Darm

Entscheidend dafür, dass unser Darm als stärkstes Immunorgan funktionieren kann, sind die Vielfalt der dortigen Bakterien (Darmflora) und eine intakte Darmschleimhaut. Zu viel Zucker ist Gift für ein gesundes Darmmilieu. Ballaststoffe dagegen unterstützen den Darm bei seinen Aufgaben. Mindestens 30 g davon brauchen wir am Tag – besonders wichtig bei Autoimmunkrankheiten.

Ballaststoffe sind weitgehend unverdauliche pflanzliche Nahrungsteile. Es gibt zwei Gruppen: Die wasserunlöslichen Faserstoffe aus Vollkornprodukten machen lang anhaltend satt und – in Kombination mit ausreichend Flüssigkeit – den Stuhlgang lockerer. Die löslichen Ballaststoffe dagegen stecken reichlich in Gemüse, Obst und Hülsenfrüchten. Man bezeichnet sie auch als **Präbiotika.** Sie quellen auf und sorgen dafür, dass sich nützliche Darmbewohner wie die Bifido-Bakterien in unserem Darm wohlfühlen. Diese Mikroorganismen sind lebenswichtig, denn sie helfen uns bei der Nahrungsverwertung und produzieren gesunde Fettsäuren, die positiv auf Stoffwechsel, Immunabwehr und Nervensystem wirken.

Wir können uns solche Mikroorganismen auch gezielt zuführen: als **Probiotika.** Die finden sich von Natur aus in milchsauren Produkten wie Joghurt, Kefir, Buttermilch oder Sauerkraut. Zudem gibt es sie rezeptfrei in Kapsel- und Tropfenform.

Lebensmittelauswahl bei Arthrose und Rheuma

	Empfehlenswert	Nicht empfehlenswert
Brot, Getreide und Beilagen wie Nudeln, Kartoffeln, Reis (nicht mehr als 2 Handvoll am Tag)	Vollkornbrot Haferflocken, Müsli ohne Zucker; Vollkornnudeln/-reis, Pellkartoffeln	Weißbrot, Toastbrot, Croissant, Knäckebrot, Zwieback, Weizen-/Milchbrötchen, Laugengebäck Hartweizennudeln, geschälter Reis, Pommes frites, Kroketten, Kartoffelbrei/-puffer, Pfannkuchen
Snacks & Knabbereien (1 kleine Handvoll am Tag)	(ab und zu: Zartbitterschokolade mit 70 % Kakaoanteil)	Süßigkeiten, süße Backwaren, süße Milchprodukte (siehe rechts), Eiscreme Chips, Salzgebäck
Obst (1–2 Handvoll am Tag)	alle zuckerarmen Obstsorten **zuckerreiche Sorten nur in Maßen:** Ananas, Banane, Birne, Honigmelone, Kaki (Sharon), Mango, Süßkirsche, Weintraube **besonders kalziumreich:** Brombeere, Himbeere, Johannisbeere, Kiwi, Orange	gezuckerte Obstkonserven, Obstmus, kandiertes Trockenobst
Gemüse (3 Handvoll am Tag)	Artischocken, Fenchel, Gurke, Hülsenfrüchte, Kohl, Möhren, alle Salatsorten, gern mit Bitterstoffen (Chicorée, Löwenzahn), Sauerkraut, Spargel, Spinat, Radieschen, Zucchini, alle Pilzarten **besonders kalziumreich:** dunkelgrünes Gemüse wie Spinat, Mangold, Rucola, Grünkohl, Brokkoli; Fenchel, weiße Bohnen; Kräuter wie Brennnessel, Kresse, Petersilie	**in Maßen:** Gemüsemischungen mit Butter oder Sahne
Nusskerne & Samen (ca. 20 g am Tag)	Mandeln, Wal-, Haselnusskerne, Cashewkerne, Macadamianuss-, Pinien-, Kürbiskerne **in Maßen:** Sonnenblumenkerne	Erdnusskerne und gesalzene Nusskerne
Fette & Öle (ca. 2 EL am Tag)	Leinöl*, Weizenkeimöl*, Hanföl*, Chiaöl*, Olivenöl, Rapsöl, Walnussöl; wenig Butter; zum Braten: Kokosöl, helles Sesamöl (nicht nativ)	Schweine- und Gänseschmalz, Butterschmalz, Ghee; Palmfett, Mayonnaise, Sonnenblumenöl, Distelöl

	Empfehlenswert	Nicht empfehlenswert
Getränke (1,5–2 l pro Tag)	Wasser **besonders kalziumreich:** Mineralwasser mit mehr als 300 mg Ca/l ungezuckerter Tee (grüner Tee und Kräutertee) bis zu 3 Tassen Kaffee	Fruchtsaft, Softdrinks Milchmixgetränke (siehe unten) Sojadrink **in Maßen:** Wein
Fisch & Meeresfrüchte (2 Portionen pro Woche)	Aal, Forelle, Heilbutt, Hering, Kabeljau, Karpfen, Lachs, Makrele, Sardine/Sardelle, Scholle, Seezunge, Steinbutt Schalentiere wie Flusskrebs, Garnele, Hummer, Shrimps, Krabben	Fisch in Mayonnaise oder Sahne eingelegt panierter Fisch
Magere Wurstwaren & Fleisch (max. 1–2 Portionen pro Woche, bis je 100 g Rohgewicht)	Hühnerfleisch, Putenfleisch/-aufschnitt **selten:** Rinderfilet, Kalbfleisch, Wild, Corned Beef	generell Schweinefleisch wie Schinkenspeck, Fleisch-/Leberkäse, Nackenfleisch, Bauchspeck sowie Wurstwaren wie Aufschnitt, Koch-, Grill-, Brat- oder Bockwurst paniertes Fleisch
Eier	max. 2–3 pro Woche, in allen Variationen	
Milchprodukte	**in Maßen:** Milch (1,5 % Fett), Buttermilch, Speisequark (bis 20 % Fett), Naturjoghurt (1,5 % Fett) **selten:** Sahne, saure Sahne, Crème fraîche	gesüßte Fertigprodukte wie Pudding, Milchreis, Fruchtjoghurt/-quark/-buttermilch, Kakaozubereitungen
Käse	**selten:** Käse bis 45 % Fett i. Tr. wie Schnittkäse, Weichkäse, Feta, Mozzarella, körniger Frischkäse (Hüttenkäse)	

* Herstellung möglichst unter Ausschluss von Sauerstoff, Hitze und Licht (Oxyguard-/Omega-safe-Verfahren). Optimal wirken Leinöl und Weizenkeimöl kombiniert.

Lebensmittelauswahl bei Gicht

	Empfehlenswert	Nicht empfehlenswert
Brot, Getreide und Beilagen wie Nudeln, Kartoffeln, Reis (nicht mehr als 2 Handvoll am Tag)	Vollkornbrot ungesüßtes Müsli Vollkornnudeln/-reis, Pellkartoffeln, frisch gestampfter Kartoffelbrei **in Maßen, da eher purinreich:** Buchweizen, Grünkern, Haferflocken, Knäckebrot	Sojamehlprodukte, Weizenkeime; Pommes frites, Bratkartoffeln, Kartoffelpuffer, Fertiggerichte, Fast Food **bei Übergewicht und/oder Diabetes zudem:** Weißbrot, Toastbrot, Croissant, Zwieback, Weizenbrötchen; Hartweizennudeln, geschälter Reis; Süßkartoffeln
Snacks & Knabbereien (1 kleine Handvoll am Tag)	(ab und zu: Zartbitterschokolade mit 70% Kakaoanteil)	Süßigkeiten, süße und fettreiche Backwaren, süße Milchprodukte (siehe rechts), Eiscreme Chips, Salzgebäck
Obst (1–2 Portionen am Tag)	alle zuckerarmen Obstsorten **zuckerreiche Sorten nur in Maßen:** Ananas, Banane, Birne, Honigmelone, Kaki (Sharon), Mango, Süßkirsche, Weintraube	gezuckerte Obstkonserven, Obstmus, (kandiertes) Trockenobst
Gemüse (3 Portionen am Tag)	fast alle Gemüse, vor allem Salatsorten, Salat mit Bitterstoffen, Löwenzahn, Kohlrabi, Gurke, Möhre **in Maßen, da eher purinreich (2 Portionen pro Woche):** Hülsenfrüchte (Bohnen, Sojabohnen, Linsen), Spinat, Spargel, Schwarzwurzeln, Kohlsorten, Champignons, getrocknete Pilze	Tiefkühlgemüse mit Sahne oder Butter **bei Übergewicht:** Mais
Nusskerne & Samen (ca. 20 g am Tag)	Mandeln, Wal-, Hasel-, Paranusskerne **in Maßen, da eher purinreich:** Kürbis-, Sonnenblumenkerne	Erdnusskerne und gesalzene Nusskerne
Fette & Öle (ca. 2 EL am Tag)	Leinöl*, Weizenkeimöl*, Olivenöl, Rapsöl, Walnussöl; wenig Butter	Schweine- und Gänseschmalz, Butterschmalz, Mayonnaise, Sonnenblumenöl, Distelöl

	Empfehlenswert	Nicht empfehlenswert
Getränke (2–3 l pro Tag, bei Gichtattacken mind. 3 l)	Wasser ungezuckerter Tee – besonders Kräutertees 3–4 Tassen Kaffee	Fruchtsaft, Softdrinks Milchmixgetränke (siehe unten) Sojadrink Alkohol, alkoholfreies Bier
Fisch & Meeresfrüchte (max. 2 kleine Portionen pro Woche, bis je 125 g Rohgewicht)	Aal, Heilbutt, Hering, Kabeljau, Karpfen, Lachs, (Räucher-)Makrele, Scholle, Seezunge, Stockfisch – immer ohne Haut! Flusskrebse, Garnelen, Krabben, Muscheln	Haut von Fischen Anchovis, Sardinen, Sardellen, Sprotten, Matjesfilet
Wurstwaren & Fleisch (max. 2 kleine Portionen pro Woche, bis je 125 g Rohgewicht)	Hühnerfleisch ohne Haut, Putenfleisch/-aufschnitt **in Maßen:** mageres Rind-, Kalbfleisch, Wild, Corned Beef	Innereien (Leber, Bries, Herz, Nieren) fettreiches Fleisch (wie Hühnerbein mit Haut, Schweinebraten, Haxe, Gans, Ente) Schinken, Speck, fettreiche Wurst oder Wurst mit Innereien (z. B. Brat-, Leber-, Mettwurst, Salami)
Eier	in allen Variationen	
Milchprodukte	Milch (bis 3,5 % Fett), Buttermilch, Speisequark (bis 20 % Fett), Naturjoghurt (bis 3,5 % Fett) **in Maßen:** Sahne, Schmand, Crème fraîche	gesüßte Fertigprodukte wie Pudding, Milchreis, Fruchtjoghurt/-quark/-buttermilch, Kakaozubereitungen
Käse	Käse bis 45 % Fett i. Tr. wie Schnittkäse, Weichkäse, Feta, Mozzarella, körniger Frischkäse	

* Herstellung möglichst unter Ausschluss von Sauerstoff, Hitze und Licht (Oxyguard-/Omega-safe-Verfahren). Optimal wirken Leinöl und Weizenkeimöl kombiniert.

REZEPTE ZUM GENIESSEN

Genießen und dabei Entzündungen hemmen? Das funktioniert! Mit unseren fast 70 gesunden und ausgewogenen Gerichten können Sie Beschwerden positiv beeinflussen und gleichzeitig Gaumen und Augen verwöhnen – von Frühstück über Mittag- und Abendessen bis zu süßem Dessert. Falls Sie ein für Sie speziell passendes Gericht suchen, kein Problem! Die Symbole bei den Rezepten zeigen Ihnen auf einen Blick: vegetarisch oder vegan, schnell (maximal 30 Minuten), zum Mitnehmen, gut zum Vorbereiten oder für Gäste.

FRÜHSTÜCK

Eine gesunde, vitalstoffreiche Morgenmahlzeit weckt unsere Lebensgeister und gibt Energie. Lassen Sie Croissants und Toasts links liegen und greifen Sie zu leckerem Müsli, Nuss-Granola, Chiabrötchen oder cremigen Smoothies. Die liefern jede Menge Vitamine, Eiweiß und Antioxidantien: gut für Zellschutz und Immunabwehr.

Erdbeer-Orangen-Quark mit Nüssen

Arthrose | Gicht | Rheuma

Für 2 Personen
Zubereitungszeit: 15 Minuten

1 EL Haselnusskerne
1 EL Sonnenblumenkerne
1 Orange (ca. 300 g)
100 g Erdbeeren
300 g Magerquark
2 EL Milch (1,5 % Fett)
2 EL Leinöl
1 EL Weizenkeimöl
1 TL flüssiger Honig

Nährwerte pro Portion: 420 kcal, 22 g EW, 25 g F, 24 g KH, 4 g BST, 260 mg Ca, 11 mg Purin

+ Die Haselnüsse grob hacken und mit den Sonnenblumenkernen in einer Pfanne ohne Fett bei mittlerer Hitze hell rösten. Herausnehmen und abkühlen lassen.

+ Die Orange so großzügig schälen, dass auch die weiße Haut mit entfernt wird. Die Orange vierteln oder halbieren und in Scheiben schneiden, dabei den austretenden Saft auffangen. Die Erdbeeren waschen, putzen und je nach Größe halbieren oder vierteln.

+ Den Quark mit Milch, beiden Ölsorten, aufgefangenem Orangensaft und Honig cremig verrühren. Den Orangenquark auf Schalen verteilen, mit den Orangenscheiben und Erdbeeren belegen und mit den Nüssen und Sonnenblumenkernen bestreut servieren.

Variante: Alle Zutaten bis auf die gerösteten Nüsse und Kerne in einem hohen Rührbecher mit dem Stabmixer oder im Mixer fein pürieren. Den Fruchtmix auf Schalen oder tiefe Teller verteilen und mit den Haselnüssen und Sonnenblumenkernen bestreut servieren.

Die Ernährungs-Docs

Der cremige Früchtequark ist perfekt für alle, die es morgens eilig haben und leicht in den Tag starten wollen. Er sättigt lange und liefert einen ausgewogenen Nährstoffmix – wertvolle Proteine, reichlich Vitamine, Antioxidantien und Mineralstoffe. Leinöl hilft mit seinem hohen Gehalt an antientzündlichen Omega-3-Fettsäuren, Radikale im Körper abzufangen und das Immunsystem zu stärken.

Apfel-Pflaumen-Müsli mit Schwedenmilch

Arthrose | Gicht | Rheuma

Für 2 Personen
Zubereitungszeit: 15 Minuten

1 EL Mandeln
1 EL Walnusskerne
30 g getrocknete Pflaumen
80 g Mehrkornflocken
1/4 TL Zimtpulver
1 kleine reife Banane
2 Pflaumen
1 Apfel
300 g Schwedenmilch
(aus Reformhaus oder Bioladen; siehe Tipp)

Nährwerte pro Portion: 500 kcal, 14 g EW, 16 g F, 68 g KH, 13 g BST, 240 mg Ca, 32 mg Purin

+ Die Mandeln und Walnüsse hacken. Die getrockneten Pflaumen in kleine Würfel schneiden. Mandeln, Walnüsse und Trockenpflaumen mit den Flocken mischen und mit dem Zimt würzen. Die Müslimischung auf Schalen verteilen.

+ Die Banane schälen und in Scheiben schneiden. Die frischen Pflaumen waschen, halbieren, den Stein entfernen und die Hälften in Spalten schneiden. Den Apfel waschen, vierteln, entkernen und in dünne Scheiben schneiden.

+ Die Schwedenmilch über die Müslimischung gießen. Die Früchte darauf verteilen und das Müsli servieren.

Tipp: Schwedenmilch, auch Filmjölk genannt, ist ein Sauermilchprodukt und bei uns noch wenig bekannt. Sie lässt sich durch Joghurt oder Dickmilch ersetzen oder auch selbst machen. Dazu 1/2 l frische Milch (3,5 % Fett) in einem Topf erhitzen, aber nicht kochen. Dann den Topf im kalten Wasserbad rasch abkühlen lassen. Je 100 g süße und saure Sahne einrühren und alles mit Frischhaltefolie abgedeckt bei Raumtemperatur mindestens 24 Stunden stehen lassen. Die Schwedenmilch ist fertig, wenn sie stichfest ist und angenehm riecht.

Die Ernährungs-Docs

Wer zum Frühstück Vollkornflocken, Obst und Nüsse genießt, führt sich ausreichend sekundäre Pflanzenstoffe und wichtige Mineralstoffe wie Zink zu. Das Müsli hat einen antientzündlichen Effekt und liefert zugleich reichlich Ballaststoffe für den Darm. Auch die mild-säuerliche Schwedenmilch wirkt sich aufgrund der enthaltenen Milchsäurebakterien günstig auf die Darmflora aus.

Birchermüsli mit Papaya

Arthrose | Gicht | Rheuma

Für 2 Personen
Zubereitungszeit: 15 Minuten
Einweichen: 12 Stunden, über Nacht

80 g kernige Haferflocken
1 EL Rosinen
1/4 l Milch (1,5 % Fett)
1 kleine Papaya (ca. 300 g)
1 Apfel
150 g Naturjoghurt (1,5 % Fett)
2 TL Zitronensaft
1 EL Pekannusskerne
1 EL getrocknete Apfelchips

Nährwerte pro Portion: 420 kcal, 15 g EW, 11 g F, 59 g KH, 9 g BST, 280 mg Ca, 26 mg Purin

+ Am Vortag die Haferflocken und Rosinen in einer Schüssel mit der Milch verrühren und abgedeckt im Kühlschrank etwa 12 Stunden, am besten über Nacht, quellen lassen.

+ Am nächsten Tag die Papaya halbieren, entkernen, schälen und das Fruchtfleisch in 1 bis 2 cm große Würfel schneiden. Den Apfel waschen und auf der Gemüsereibe rund um das Kerngehäuse fein raspeln. Die Apfelraspel und die Hälfte der Papayawürfel mit dem Joghurt unter den Haferflockenmix rühren. Zuletzt mit dem Zitronensaft abschmecken.

+ Den Müslimix auf Schalen verteilen. Die Pekannüsse grob hacken und mit der übrigen Papaya darüberstreuen. Das Birchermüsli mit den Apfelchips garniert servieren.

Die Ernährungs-Docs

Ein aktueller Frühstückstrend sind „Overnight Oats" – im Grunde nichts anderes als über Nacht eingeweichte Haferflocken wie in diesem Müsliklassiker. Schon um 1900 propagierte der Schweizer Arzt und Ernährungsreformer Max Bircher-Benner die gesundheitsfördernde Wirkung der Mischung aus Haferflocken, Milch, geriebenem Apfel und Zitronensaft. Das Müsli liefert die Vitamine B_1, C und E, mit den aromatischen Pekannüssen zudem herzschonende Fettsäuren. Papain, ein Enzym aus der Papaya, macht den Mix leicht bekömmlich.

Geröstetes Nuss-Granola

Arthrose | Gicht | Rheuma

Für 600 g (12 Portionen)
Zubereitungszeit: 15 Minuten
Backen: 25 Minuten

1 reife Banane
2 getrocknete Soft-Datteln
50 g Mandelmus
½ TL Zimtpulver
120 g Mandeln
100 g Walnusskerne
40 g Kürbiskerne
60 g Sonnenblumenkerne
50 g Leinsamen
100 g kernige Haferflocken
50 g gepuffter Amarant
50 g getrocknete Beeren
(z. B. Gojibeeren)

Nährwerte pro Portion: 270 kcal, 9 g EW, 18 g F, 16 g KH, 5 g BST, 81 mg Ca, 6 mg Purin

+ Den Backofen auf 180 °C vorheizen. Ein Backblech mit Backpapier belegen. Die Banane schälen und grob in Würfel schneiden. Die Datteln grob hacken und mit Banane und Mandelmus im Blitzhacker oder in einem hohen Rührbecher mit dem Stabmixer fein pürieren. Den Zimt hinzufügen und kurz untermixen.

+ Mandeln, Walnüsse und Kürbiskerne nacheinander im Blitzhacker grob hacken. Alle drei Zutaten mit Sonnenblumenkernen, Leinsamen, Haferflocken und gepufftem Amarant in einer Schüssel mischen. Das Bananenmus zur Müslimischung geben und gut unterrühren.

+ Die Mischung auf dem Blech verteilen und im Ofen (Umluft nicht empfehlenswert) auf der mittleren Schiene etwa 25 Minuten rösten. Dabei mehrmals mit einem Holzlöffel wenden und durchmischen, damit das Müsli gleichmäßig röstet.

+ Das Granola aus dem Ofen nehmen und auf dem Blech vollständig abkühlen lassen. Die getrockneten Beeren untermischen. Das Müsli in eine Vorratsdose oder Gefrierbox füllen und dunkel und kühl aufbewahren. Es hält sich bis zu 4 Wochen und schmeckt mit Naturjoghurt oder Milch (alternativ mit einem Pflanzendrink) und frischen Beeren.

Die Ernährungs-Docs

Mit dem vitalstoffreichen Nussmüsli sind Sie fit für den Tag! Dabei spielen Walnüsse und Leinsamen eine wichtige Rolle: Sie liefern die Omega-3-Fettsäure ALA (siehe Seite 40), Gegenspielerin der entzündungsfördernden Arachidonsäure. Zudem punkten Amarant, Sonnenblumenkerne und Mandeln mit viel Magnesium – wichtig für unsere Leistungsfähigkeit und Stressresistenz.

Gelber Quinoa-Gewürzbrei mit Beeren

Arthrose | Gicht | Rheuma

Für 2 Personen
Zubereitungszeit: 30 Minuten
Quellen: 10 Minuten

100 g Quinoa
300 ml ungesüßter Mandeldrink
1/2 Zimtstange
1/4 TL gemahlene Vanille
1 Stück Kurkumawurzel (ca. 10 g; ersatzweise 1 TL gemahlene Kurkuma)
150 g gemischte Beeren (z. B. Heidel-, Him- und Johannisbeeren)
2 EL Mandeln
2 EL Kürbiskerne

Nährwerte pro Portion: 390 kcal, 15 g EW, 18 g F, 42 g KH, 8 g BST, 229 mg Ca, 19 mg Purin

+ Die Quinoa in einem Sieb gründlich mit kaltem Wasser abspülen. Dann mit Mandeldrink, Zimtstange und Vanille in einen Topf geben. Die Kurkuma schälen (dabei am besten Einmalhandschuhe tragen, da sie stark färbt!), fein reiben und hinzufügen. Alles offen bei mittlerer Hitze einmal aufkochen, dann die Quinoa mit geschlossenem Deckel bei schwacher Hitze etwa 15 Minuten köcheln lassen. Vom Herd nehmen und noch etwa 10 Minuten ausquellen lassen, die Zimtstange wieder entfernen.

+ Inzwischen die Beeren verlesen, waschen und trocken tupfen. Die Mandeln und Kürbiskerne grob hacken und nach Belieben in einer Pfanne ohne Fett bei mittlerer Hitze hell rösten. Herausnehmen und abkühlen lassen.

+ Den Quinoa-Brei in Schalen anrichten und die Beeren darauf verteilen. Mit den Mandeln und Kürbiskernen bestreut servieren.

Tipp: Statt der frischen Beeren können Sie auch eine tiefgekühlte Beerenmischung verwenden – dazu am besten am Vorabend in ein Sieb mit Schüssel darunter geben und über Nacht langsam im Kühlschrank auftauen lassen.

Die Ernährungs-Docs

Der „goldene“ Gewürzbrei ist mit seinen vielen gesunden Inhaltsstoffen besonders heilend und anregend. Kurkuma (Gelbwurz) enthält Curcumin, den intensiv gelben Farbstoff, der Entzündungen lindert und antioxidativ wirkt – besonders bei Arthrose oder Schuppenflechte (siehe Seiten 17, 38 und 40). Zimt ist reich an entzündungshemmenden sekundären Pflanzenstoffen und kurbelt mit seinen ätherischen Ölen Stoffwechsel und Konzentrationsleistung an.

Quark-Öl-Frühstück mit Rohkost

Arthrose | Gicht | Rheuma

Für 2 Personen
Zubereitungszeit: 15 Minuten

300 g Magerquark
3 EL Milch (1,5 % Fett)
2 EL Leinöl
10 Radieschen
200 g Salatgurke
1/2 Bund gemischte Kräuter (z. B. Basilikum, Dill, Petersilie, Schnittlauch)
Salz, Pfeffer aus der Mühle
2 EL geschroteter Leinsamen
6 Walnusskerne
2 TL Sonnenblumenkerne

Nährwerte pro Portion: 370 kcal, 24 g EW, 25 g F, 11 g KH, 4 g BST, 260 mg Ca, 4 mg Purin

+ Den Quark mit Milch und Leinöl in einer Schüssel cremig verrühren. Die Radieschen putzen, waschen und in dünne Scheiben schneiden. Die Gurke schälen, längs vierteln und die Kerne mit einem Teelöffel entfernen, die Viertel quer in etwa 1 cm breite Stücke schneiden. Die gemischten Kräuter waschen, trocken schütteln, die Blätter bzw. Spitzen abzupfen und fein hacken, Schnittlauch in feine Röllchen schneiden.

+ Radieschen, Gurke und Kräuter mischen, mit Salz und Pfeffer würzen und auf Schalen verteilen. Mit dem Leinsamen bestreuen und die Quarkmasse darauf verteilen. Die Walnüsse grob hacken und mit den Sonnenblumenkernen zuletzt darüberstreuen. Nach Belieben das Frühstück mit gemischten Kräutern garnieren.

Variante: Lust auf Obst? Bitte sehr: Dann schneiden Sie statt des Gemüses 10 Erdbeeren und 1 großen Apfel in kleine Stücke, mischen beides mit 1/4 TL Zimtpulver und verteilen alles auf Schalen. Dann das Frühstück wie beschrieben mit Quark, Nüssen und Kernen anrichten.

Die Ernährungs-Docs

Das Quark-Öl-Frühstück nach der Gesundheitspionierin Dr. Johanna Budwig (1908–2003) liefert mit dem Leinöl viele ungesättigte Fettsäuren, die in Zusammenwirkung mit dem Quark die Zellatmung stimulieren und Zellen stärken. Frisches Gemüse und Kräuter steuern reichlich Vitalstoffe bei.

Herzhaftes Bauernbrot

Arthrose | Gicht | Rheuma

Für 1 Laib (800 g; 12 Scheiben)
Zubereitungszeit: 30 Minuten
Gehen: 1 Stunde 15 Minuten
Backen: 45 Minuten

300 g Roggenmehl (Type 1150)
150 g Dinkelvollkornmehl
1 EL Salz
1 Würfel Hefe (ca. 42 g)
1 Pck. Natursauerteig (75 g; aus Reformhaus oder Bioladen)
1 1/2 EL Rohrohrzucker
40 g kernige Haferflocken
1 gegarte vorwiegend festkochende Pellkartoffel vom Vortag (ca. 100 g)
1 EL Brotgewürzmischung
je 1/2 EL getrockneter Rosmarin und Thymian
je 20 g Leinsamen und Kürbiskerne
Mehl zum Arbeiten

Nährwerte pro Scheibe:
200 kcal, 7 g EW, 3 g F, 32 g KH, 5 g BST, 28 mg Ca, 28 mg Purin

+ Beide Mehle mit dem Salz in einer Schüssel mischen. In die Mitte eine Mulde drücken. Die Hefe zerbröckeln und mit Sauerteig, Zucker, 30 g Haferflocken und 1/4 l lauwarmem Wasser in die Mehlmulde geben. Kartoffel pellen und durch die Kartoffelpresse dazudrücken.

+ Alles mit den Knethaken des Handrührgeräts zu einem geschmeidigen Teig verkneten. Brotgewürz, Rosmarin, Thymian und jeweils 10 g Leinsamen und Kürbiskerne unterkneten. Falls der Teig zu feucht ist, noch etwas Mehl hinzufügen. Den Teig zur Kugel formen, mit Mehl bestäubt bei Raumtemperatur zugedeckt 45 Minuten gehen lassen.

+ Anschließend den Teig auf der leicht bemehlten Arbeitsfläche nochmals kräftig durchkneten und zu einem Laib formen. Auf ein mit Backpapier belegtes Blech setzen, mit Wasser bestreichen, mit den übrigen Haferflocken, Kürbiskernen und Leinsamen bestreuen und diese leicht andrücken. Den Laib nochmals 30 Minuten gehen lassen.

+ Den Backofen auf 220 °C vorheizen. Eine ofenfeste Form mit Wasser füllen und auf den Boden des Backraums stellen. Das Brot oben einschneiden und im Ofen auf der mittleren Schiene etwa 45 Minuten backen. Zur Garprobe das Brot herausnehmen, mit den Fingern auf die Unterseite klopfen. Wenn es hohl klingt, ist es durchgebacken. Das Brot auf einem Kuchengitter abkühlen lassen.

Die Ernährungs-Docs

Das vegane Brot liefert komplexe Kohlenhydrate, die den Blutzuckerspiegel nur langsam ansteigen lassen, sowie viele Vitamine, Mineral- und Ballaststoffe. Genießen Sie das würzige Brot mit etwas zerdrückter Avocado oder pürierten Kräuteroliven – solch schmackhaftes „Streichfett" wirkt basisch und sättigt hervorragend. Fein dazu auch die Ziegenkäsecreme von Seite 83.

Gerstenbrot mit Joghurt

Arthrose | Gicht | Rheuma

Für 1 Brot (1200 g; 20 Scheiben)
Zubereitungszeit: 20 Minuten
Ruhezeit: 15 Minuten
Backen: 1 Stunde

250 g Dinkelmehl (Type 1050)
200 g Gerstenvollkornmehl
150 g Gerstenflocken oder kernige Haferflocken
2 TL Backpulver
1 EL gemahlene Flohsamenschalen
1 TL Salz
400 g Naturjoghurt (3,5 % Fett)
1 Ei (Größe M)
100 g Walnusskerne
Öl für die Form

Nährwerte pro Scheibe:
160 kcal, 5 g EW, 5 g F, 21 g KH, 3 g BST, 44 mg Ca, 8 mg Purin

+ Eine Kastenform (25 cm Länge) mit Öl einfetten. Das Dinkel- und Gerstenmehl mit 140 g Gersten- oder Haferflocken, Backpulver, Flohsamenschalen und Salz in einer Schüssel mischen. Joghurt, Ei und 140 ml Wasser zur Mehlmischung geben. Die Nüsse grob hacken und hinzufügen. Alles mit den Knethaken des Handrührgeräts mischen, den Teig in die Form füllen und 15 Minuten ruhen lassen.

+ Inzwischen den Ofen auf 200 °C vorheizen. Den Brotteig mit den restlichen Flocken bestreuen und diese leicht andrücken. Das Brot im Ofen auf der mittleren Schiene etwa 1 Stunde backen. Zur Garprobe mit einem Holzstäbchen in das Brot stechen, wenn kein Teig mehr am Stäbchen hängen bleibt, ist das Brot durchgebacken. Aus dem Ofen nehmen und auf einem Kuchengitter etwa 10 Minuten abkühlen lassen, dann aus der Form stürzen und vollständig abkühlen lassen.

Tipp: Statt der Walnüsse können Sie auch je 100 g Haselnüsse, Sonnenblumenkerne oder 50 g Leinsamenschrot unter den Teig mischen.

Die Ernährungs-Docs

Leicht, saftig und gut bekömmlich: Das Gerstenbrot wirkt bei regelmäßigem Verzehr Fettstoffwechselstörungen entgegen. Denn Gerste enthält wie auch Hafer von Natur aus viele Beta-Glucane. Das sind lösliche Ballaststoffe, die einen positiven Einfluss auf die Darmgesundheit haben und einen erhöhten Cholesterinspiegel senken können.

Chia-Quark-Brötchen mit Mohn

Arthrose | Gicht | Rheuma

Für 8 Stück
Zubereitungszeit: 15 Minuten
Quellen: 10 Minuten
Backen: 25 Minuten

250 g Dinkelvollkornmehl
2 TL Backpulver
1 Ei (Größe M)
150 g Magerquark
150 ml Buttermilch
2 EL Chiasamen
½ TL Salz
1 EL Milch (1,5 % Fett)
2 TL Mohnsamen

Nährwerte pro Stück (70 g):
160 kcal, 8 g EW, 3 g F, 22 g KH,
4 g BST, 90 mg Ca, 14 mg Purin

+ Den Backofen auf 200 °C vorheizen. Ein Backblech mit Backpapier belegen. Das Mehl mit dem Backpulver in einer Schüssel mischen. Ei, Quark, Buttermilch, Chiasamen und Salz hinzufügen und alles mit den Quirlen des Handrührgeräts zu einem glatten Teig verarbeiten. Den Teig etwa 10 Minuten quellen lassen.

+ Aus dem Teig mit angefeuchteten Händen 8 Brötchen formen und nebeneinander auf das Blech legen. Die Brötchen oben mit einem Messer längs einschneiden. Mit Milch bestreichen und mit Mohnsamen bestreuen.

+ Die Brötchen im Ofen auf der mittleren Schiene etwa 25 Minuten goldbraun backen. Herausnehmen und auf einem Kuchengitter abkühlen lassen. Sie schmecken mit süßem oder herzhaftem Aufstrich.

Tipp: So können Sie zum Frühstück frisch gebackene Brötchen genießen: Den Teig schon am Vorabend zubereiten und über Nacht abgedeckt kühl stellen. Am nächsten Morgen aus dem Teig die Brötchen formen, in den Ofen schieben und frisch backen.

Die Ernährungs-Docs

Ob zum Frühstück, zwischendurch oder zum Abendessen – mit den selbst gemachten Chia-Quark-Brötchen tun Sie Ihrer Gesundheit viel Gutes. Sie enthalten wertvolle Mineralstoffe wie Magnesium für die Muskelfunktion, Zink für ein starkes Immunsystem und Eisen für Herz und Kreislauf. Darüber hinaus überzeugen sie mit jeder Menge Ballaststoffen und einem hohen Eiweißanteil.

INOX
FRESHLY
BLOATER

Sommerliches Hähnchenbrot

Arthrose | Gicht | Rheuma

Für 2 Personen
Zubereitungszeit: 15 Minuten

100 g Frischkäse (mit 20 % Joghurt)
1 1/2 TL körniger Senf
2 Handvoll Rucola (ca. 30 g)
2 kleine Tomaten
4 Scheiben Gerstenbrot (siehe Seite 75) oder Vollkornbrot (ca. 200 g)
Salz, Pfeffer aus der Mühle
60 g Hähnchenbrustaufschnitt (ohne Haut; in dünnen Scheiben)

Nährwerte pro Portion: 440 kcal, 25 g EW, 13 g F, 48 g KH, 7 g BST, 177 mg Ca, 40 mg Purin

+ Den Frischkäse mit dem Senf verrühren. Den Rucola verlesen, waschen und trocken schütteln, dabei die groben Stiele entfernen. Die Tomaten waschen und quer in Scheiben schneiden, dabei die Stielansätze entfernen.

+ Die Brotscheiben mit dem Frischkäsemix bestreichen. Erst mit Rucola, dann mit Tomaten belegen und etwas mit Salz und Pfeffer würzen. Die Hähnchenbrustscheiben darauf verteilen und nochmals mit etwas Pfeffer übermahlen.

Tipp: Wer morgens mehr Zeit hat oder das Brot als Sandwich servieren möchte, verwendet statt des Geflügelaufschnitts 100 g frisches Hähnchenbrustfilet: Dazu das Fleisch waschen, trocken tupfen und mit Salz, Pfeffer und Paprikapulver edelsüß würzen. In einer Pfanne in 1 EL nicht nativem Olivenöl bei mittlerer Hitze auf jeder Seite 6 Minuten braten. Aus der Pfanne nehmen, abkühlen lassen, anschließend in dünne Scheiben schneiden und die Brote damit belegen.

Die Ernährungs-Docs

Mageres Hähnchenfleisch ist bei Gelenkerkrankungen in Maßen noch verträglich. Es enthält zwar auch Arachidonsäure (siehe Seite 36), sie kommt aber in der Hähnchenbrust in einer kleinen tolerierbaren Menge vor. Fettes Schweinefleisch hingegen enthält enorm viel Arachidonsäure und sollte nur äußerst selten auf dem Speiseplan stehen. Wichtig ist allerdings insbesondere bei Gicht, das Hähnchenfleisch ohne Haut zu verzehren (wie hier beim Aufschnitt).

Lachstatar auf Pumpernickel mit Gurken

Arthrose | Gicht | Rheuma

Für 2 Personen
Zubereitungszeit: 15 Minuten

100 g Wildräucherlachs (in Scheiben)
100 g körniger Frischkäse (Halbfettstufe)
50 g Magerquark
1 TL geriebener Meerrettich (aus dem Glas)
Salz, Pfeffer aus der Mühle
2 Mini-Gurken (ca. 150 g)
2 Dillstiele
4 Scheiben Pumpernickel (ca. 200 g)

Nährwerte pro Portion: 390 kcal, 25 g EW, 10 g F, 44 g KH, 10 g BST, 116 mg Ca, 22 mg Purin

+ Den Räucherlachs in kleine Würfel schneiden oder mit einem Messer fein hacken. Den Frischkäse mit Quark und Meerrettich in einer Schüssel gründlich mischen. Den Lachs unterrühren und alles mit Salz und Pfeffer abschmecken.

+ Die Gurken putzen, waschen und in dünne Scheiben schneiden. Den Dill waschen, trocken schütteln, die Spitzen abzupfen und grob hacken. Die Pumpernickelscheiben mit dem Lachstatar bestreichen. Die Gurkenscheiben leicht überlappend darauf verteilen und leicht mit Salz würzen. Mit dem Dill garniert servieren.

Tipp: Wer sein Frühstück mitnehmen möchte, tauscht das Pumpernickelbrot gegen 2 Vollkornbrötchen. Diese waagerecht halbieren, die unteren Hälften mit dem Lachstatar bestreichen und mit Gurkenscheiben belegen. Obere Brötchenhälften auflegen.

Die Ernährungs-Docs

Das herzhaft frische Frühstück weckt die Lebensgeister und gibt Energie: Neben Vitaminen, Mineralstoffen und leicht verdaulichem Eiweiß liefert es mit dem Wildlachs vor allem gesunde Omega-3-Fettsäuren wie zum Beispiel DHA (siehe Seite 36) – dabei weniger Fett als Zuchtlachs.

Pikanter Bohnenaufstrich

Arthrose | Gicht | Rheuma

Für 2 Personen
Zubereitungszeit: 15 Minuten
Kühlen: 1 Stunde

125 g Kidneybohnen (Dose)
1 Schalotte, 1 Knoblauchzehe
1 EL Olivenöl, 1 EL Zitronensaft
1 EL Naturjoghurt (3,5 % Fett)
1 TL Chilipulver, Salz
2 gelbe Snack-Paprikaschoten

Nährwerte pro Portion: 90 kcal, 3 g EW, 6 g F, 5 g KH, 3 g BST, 32 mg Ca, 6 mg Purin

+ Die Bohnen in einem Sieb abbrausen und gut abtropfen lassen. Schalotte und Knoblauch schälen, in feine Würfel schneiden und in einer Pfanne im Öl kurz andünsten. Dann etwas abkühlen lassen.

+ Die Bohnen in einen hohen Rührbecher geben. Schalottenmix, Zitronensaft und Joghurt dazugeben und alles mit dem Stabmixer cremig pürieren. Den Aufstrich mit Chilipulver und Salz abschmecken und mindestens 1 Stunde kühl stellen.

+ Inzwischen die Paprika längs halbieren, entkernen, waschen und quer in feine Streifen schneiden. Die Paprikastreifen über die Creme streuen und nach Belieben alles mit Gartenkresse garnieren. Dazu passt Vollkornbrot oder Gerstenbrot mit Joghurt (siehe Seite 75). Der Aufstrich hält sich gekühlt 2 bis 3 Tage (im Bild unten).

Gemüse-Ziegenkäse-Creme

Arthrose | Gicht | Rheuma

Für 2 Personen
Zubereitungszeit: 20 Minuten

1 EL Pinienkerne, 1 Tomate
1 Frühlingszwiebel, 150 g Ziegenfrischkäse (40 % Fett i. Tr.)
1 TL körniger Senf, 2 TL Honig
Salz, Pfeffer aus der Mühle

Nährwerte pro Portion: 215 kcal, 11 g EW, 14 g F, 11 g KH, 2 g BST, 102 mg Ca, 2 mg Purin

+ Die Pinienkerne in einer Pfanne ohne Fett hell rösten. Herausnehmen und abkühlen lassen. Die Tomate waschen und in kleine Würfel schneiden, dabei Stielansatz und Kerne entfernen. Frühlingszwiebel putzen, waschen und in dünne Ringe schneiden. Ziegenfrischkäse, Senf und Honig in einer Schüssel gründlich verrühren. Von den Pinienkernen, Tomatenwürfeln und Frühlingszwiebeln je 1 TL beiseitestellen, den Rest unter die Creme heben.

+ Die Creme mit Salz und Pfeffer würzen und mit den übrigen Pinienkernen, Tomatenwürfeln und Frühlingszwiebeln garnieren. Dazu schmeckt Vollkornbaguette oder Bauernbrot (siehe Seite 72). Die Creme hält sich 1 bis 2 Tage im Kühlschrank (im Bild oben).

Kräuteromelett mit Champignons

Arthrose | Gicht

Für 2 Personen
Zubereitungszeit: 25 Minuten

50 g Rucola
3 Petersilienstiele
1/4 Bund Schnittlauch
50 g Bergkäse (max. 45 % Fett)
80 g kleine Champignons
1 kleine rote Paprikaschote
3 Eier (Größe M)
2 Eiweiß (Größe M)
4 EL Milch (1,5 % Fett)
Salz, Pfeffer aus der Mühle
1 EL Rapsöl

Nährwerte pro Portion: 320 kcal, 26 g EW, 22 g F, 5 g KH, 2 g BST, 403 mg Ca, 14 mg Purin

+ Den Backofen auf 80 °C vorheizen. Den Rucola verlesen, waschen und trocken schütteln, dabei grobe Stiele entfernen. Einige Blätter zum Garnieren beiseitelegen, den Rest hacken. Petersilie und Schnittlauch waschen, trocken schütteln und fein hacken, den Schnittlauch in feine Röllchen schneiden. Den Käse reiben.

+ Die Champignons putzen, falls nötig, trocken abreiben und in dünne Scheiben schneiden. Die Paprika längs halbieren, entkernen, waschen und in kleine Würfel schneiden. Eier und Eiweiße mit Milch und etwas Salz und Pfeffer verquirlen. Rucola, Petersilie, Schnittlauch und Käse unterrühren.

+ Das Öl in einer kleinen beschichteten Pfanne (ca. 18 cm Durchmesser) erhitzen. Die Hälfte der Eiermasse hineingießen, mit der Hälfte der Pilze und Paprika bestreuen und mit geschlossenem Deckel bei schwacher bis mittlerer Hitze 2 bis 3 Minuten stocken lassen. Das Omelett auf einen Teller gleiten lassen und im Ofen warm halten.

+ Die restliche Eiermischung mit den übrigen Pilzen und Paprikawürfeln zu einem zweiten Omelett verarbeiten. Zum Servieren die Omeletts mit dem beiseitegelegten Rucola bestreuen.

Die Ernährungs-Docs

Eigelb zählt zwar zu den entzündungsfördernden Lebensmitteln und ist bei Rheuma weniger empfehlenswert. Wer aber darauf achtet, gleichzeitig viel Gemüse zu essen, der versorgt seinen Körper automatisch mit entzündungshemmenden Antioxidantien. Auch frische Kräuter senken das Entzündungsrisiko. Für gesunde Menschen und beispielsweise auch bei Gicht sind Eier unbedenklich!

Möhren-Ingwer-Smoothie

Arthrose | Gicht | Rheuma

Für 2 Personen
Zubereitungszeit: 10 Minuten

1 kleine Banane (ca. 120 g)
1 Stück Ingwer (ca. 15 g)
200 ml Möhrensaft
1 EL Zitronensaft
1 TL Leinöl, 2 EL Weizenkeime
300 ml ungesüßter Haferdrink

Nährwerte pro Portion: 190 kcal, 5 g EW, 6 g F, 27 g KH, 5 g BST, 216 mg Ca, 43 mg Purin

+ Die Banane schälen und in Scheiben schneiden. Den Ingwer schälen, 2 dünne Scheiben abschneiden und zum Garnieren beiseitelegen. Den übrigen Ingwer fein reiben.

+ Bananenscheiben und geriebenen Ingwer mit Möhrensaft, Zitronensaft, Leinöl und Weizenkeimen in den Standmixer geben. Das Gerät erst auf kleiner Stufe starten, dann alles auf höchster Stufe cremig fein pürieren.

+ Den Haferdrink dazugießen und alles nochmals kurz und kräftig mixen. Den Smoothie in Gläser füllen. Die beiseitegelegten Ingwerscheiben einschneiden und an den Glasrand stecken. Die Smoothies sofort servieren (im Bild links).

Gurken-Basilikum-Lassi

Arthrose | Gicht | Rheuma

Für 2 Personen
Zubereitungszeit: 10 Minuten

250 g Gurke, 4 Basilikumstiele
150 g Naturjoghurt (3,5 % Fett)
200 ml Buttermilch
2 TL Zitronensaft, 2 TL Walnussöl
Salz, Pfeffer aus der Mühle

Nährwerte pro Portion: 150 kcal, 7 g EW, 9 g F, 9 g KH, 1 g BST, 222 mg Ca, 5 mg Purin

+ Die Gurke putzen und waschen, 4 dünne Scheiben abschneiden und zum Garnieren beiseitelegen. Die restliche Gurke grob in Würfel schneiden. Das Basilikum waschen und trocken tupfen, die Blätter abzupfen und 2 Blätter zum Garnieren beiseitelegen.

+ Die Gurke mit Basilikum, Joghurt und Buttermilch in den Standmixer geben. Zitronensaft und Walnussöl hinzufügen und alles erst auf kleiner Stufe mixen, dann auf höchster Stufe cremig fein pürieren. Drink mit Salz, Pfeffer und nach Belieben mit 1 Msp. gemahlenem Kreuzkümmel abschmecken und in Gläser füllen. Die beiseitegelegten Gurkenscheiben auf kleine Holzspieße stecken und das Lassi mit Gurkenspieß und Basilikum garniert servieren (im Bild rechts).

KLEINE GERICHTE

Meldet sich der kleine Hunger? Kein Problem! Hier warten frische Salate, cremige Suppen, Antipasti & Co.! Mit viel knackigem Gemüse bringen die Kreationen in der Mittagspause oder abends wichtige Vitamine, Mineralstoffe und entzündungshemmende Pflanzenstoffe. Joghurt, Frischkäse, Fleisch oder Fisch spenden sättigendes Eiweiß.

Löwenzahnsalat mit Knusperparmesan

Arthrose | Gicht | Rheuma

Für 2 Personen
Zubereitungszeit: 20 Minuten
Backen: 6–7 Minuten

50 g Parmesan (am Stück)
150 g Löwenzahnblätter (siehe Tipp)
1 kleiner Apfel
50 g bunte Cocktailtomaten
2 EL Apfelessig
1/2 EL flüssiger Honig
1/2 TL Dijon-Senf
Salz, Pfeffer aus der Mühle
1 EL Kürbiskernöl
2 EL kalt gepresstes Olivenöl
1 Schalotte

Nährwerte pro Portion: 230 kcal, 3 g EW, 16 g F, 16 g KH, 4 g BST, 140 mg Ca, 19 mg Purin

+ Den Backofen auf 200 °C vorheizen. Ein Backblech mit Backpapier belegen. Den Parmesan fein reiben und nebeneinander als Häufchen auf das Blech setzen, dabei jeweils 5 cm Abstand lassen. Im Ofen auf der mittleren Schiene 6 bis 7 Minuten goldbraun backen. Herausnehmen und die Plätzchen auf dem Blech abkühlen lassen.

+ Inzwischen den Löwenzahn verlesen, waschen und trocken schütteln, dabei grobe Stiele entfernen. Die Blätter, falls nötig, in mundgerechte Stücke zupfen. Den Apfel waschen, vierteln, entkernen und in dünne Scheiben schneiden. Die Tomaten waschen und halbieren. Löwenzahn, Apfelscheiben und Tomaten auf Tellern verteilen.

+ Für das Dressing Essig, Honig, Senf, Salz, Pfeffer, Kürbiskern- und Olivenöl verrühren. Die Schalotte schälen, in feine Würfel schneiden und untermischen. Das Dressing über die Salatzutaten träufeln und den Salat mit dem Knusperparmesan servieren.

Tipp: Löwenzahn wächst auf vielen Wiesen, in Gärten, Parks oder am Wegesrand. Man kann ihn ab März (dann ist er besonders zart) und den ganzen Sommer über – am besten abseits von Straßen und Hundewegen – pflücken. Im Herbst und Winter lässt er sich durch hellen Zuchtlöwenzahn, Rucola, Endivie oder Chicorée ersetzen.

Die Ernährungs-Docs

Von wegen Unkraut! Löwenzahn genießt in der Naturmedizin einen guten Ruf. Vor allem sein Bitterstoff Taraxacin soll bei Gicht und Rheuma helfen. Außerdem regt das Salatgemüse mit sekundären Pflanzenstoffen Verdauung, Nieren und Stoffwechsel an.

Endivien-Mandarinen-Salat

Arthrose | Gicht | Rheuma

Für 2 Personen
Zubereitungszeit: 20 Minuten

100 g Räuchertofu
1 kleine rote Zwiebel
2 EL nicht natives Olivenöl
2 EL Weißweinessig
1/2 TL körniger Senf
Salz, Pfeffer aus der Mühle
1 EL Walnussöl
1/2 Kopf Endiviensalat (ca. 200 g)
1 Clementine
2 EL Walnusskerne

Nährwerte pro Portion: 310 kcal, 8 g EW, 27 g F, 7 g KH, 3 g BST, 140 mg Ca, 20 mg Purin

+ Den Räuchertofu in kleine Würfel schneiden. Die Zwiebel schälen und in feine Würfel schneiden. Das Olivenöl in einer kleinen Pfanne erhitzen und den Tofu darin bei mittlerer Hitze 1 bis 2 Minuten rundum anbraten. Die Zwiebel dazugeben und 2 bis 3 Minuten mitdünsten. Die Tofu-Zwiebel-Mischung samt Öl in eine Schüssel geben und mit Essig, Senf, Salz, Pfeffer und Walnussöl mischen.

+ Vom Endiviensalat die äußeren Blätter entfernen. Den Salat in die einzelnen Blätter teilen, waschen, trocken schütteln und in etwa 1 1/2 cm breite Streifen schneiden. Die Clementine schälen, in Spalten teilen und diese jeweils halbieren. Salat und Clementine in die Schüssel geben und mit dem Tofudressing mischen.

+ Den Endiviensalat auf Tellern anrichten. Die Walnüsse grob hacken und zum Servieren darüberstreuen.

Tipp: Endiviensalat kauft man am besten im Spätsommer, von September bis November aus dem Freiland. Dann ist der glatte Salat besonders reich an Mineralstoffen und Beta-Carotin.

Die Ernährungs-Docs

Der größte Vorzug von Endiviensalat ist der Bitterstoff Lactucopikrin, der hauptsächlich in den unteren Blattteilen sitzt. Er regt die Galle an, wirkt leicht harntreibend und soll einen schmerzstillenden Effekt haben. Ein weiterer Pluspunkt: Durch seine Flavonoide, die zu den sekundären Pflanzenstoffen zählen, wirkt er antioxidativ und entzündungshemmend.

Melonen-Chicorée-Salat mit Feta

Arthrose | Gicht | Rheuma

Für 2 Personen
Zubereitungszeit: 20 Minuten

2 EL Pinienkerne
300 g Wassermelone
½ Salatgurke (ca. 200 g)
1 Chicorée
100 g Feta (Schafskäse)
3 Petersilienstiele
1 kleine rote Chilischote
2 EL Zitronensaft
Salz, Pfeffer aus der Mühle
2 EL kalt gepresstes Olivenöl

Nährwerte pro Portion: 370 kcal, 13 g EW, 30 g F, 10 g KH, 3 g BST, 163 mg Ca, 10 mg Purin

+ Die Pinienkerne in einer Pfanne ohne Fett bei mittlerer Hitze hell rösten. Herausnehmen und abkühlen lassen.

+ Die Wassermelone schälen, entkernen und in etwa 2 cm große Stücke schneiden. Die Gurke putzen, waschen, längs halbieren und die Kerne mit einem Teelöffel entfernen, die Viertel quer in etwa 1 cm breite Scheiben schneiden. Den Chicorée putzen, längs halbieren und waschen, den Strunk entfernen und die Hälften nach Belieben quer in knapp 1 cm breite Streifen schneiden. Feta grob zerbröckeln. Petersilie waschen, trocken schütteln und die Blätter abzupfen.

+ Für das Dressing die Chilischote längs halbieren, entkernen, waschen und in feine Würfel schneiden. Zitronensaft, Salz, Pfeffer und Öl verrühren und die Chiliwürfel untermischen.

+ Wassermelone, Gurke, Chicorée, Feta und Petersilie mit dem Dressing locker mischen und den Salat auf Tellern anrichten. Mit den Pinienkernen bestreut servieren.

Die Ernährungs-Docs

Erfrischend, leicht und aromatisch: Der Salat ist perfekt für heiße Tage. Die Chili bringt nicht nur geschmacklich den besonderen Pfiff: Capsaicin, der Scharfmacher in der roten Schote, ist mit einer hohen schmerzlindernden Kapazität bei Gelenkbeschwerden ausgestattet (siehe Seite 39). Außerdem regt der Inhaltsstoff die Verdauung und die Durchblutung an.

Brokkoli-Linsen-Salat

Arthrose | Gicht | Rheuma

Für 2 Personen
Zubereitungszeit: 25 Minuten

1 EL Sonnenblumenkerne
200 g Brokkoli
Salz
200 g gegarte Linsen (aus der Dose)
150 g bunte Cocktailtomaten
2 Frühlingszwiebeln
2 EL Weißweinessig
2 EL Orangensaft
Pfeffer aus der Mühle
2 EL kalt gepresstes Olivenöl
80 g Ricotta

Nährwerte pro Portion: 270 kcal, 11 g EW, 17 g F, 16 g KH, 5 g BST, 199 mg Ca, 31 mg Purin

+ Die Sonnenblumenkerne in einer Pfanne ohne Fett bei mittlerer Hitze hell rösten. Herausnehmen und abkühlen lassen.

+ Den Brokkoli putzen, waschen und in Röschen zerteilen, die Stiele schälen und in Würfel schneiden. Beides in kochendem Salzwasser etwa 3 Minuten blanchieren, dann in ein Sieb abgießen, eiskalt abschrecken und gut abtropfen lassen.

+ Die Linsen in einem Sieb abbrausen und gut abtropfen lassen. Die Tomaten waschen und halbieren. Die Frühlingszwiebeln putzen, waschen und in dünne Ringe schneiden.

+ Für das Dressing Essig, Orangensaft, Salz und Pfeffer verrühren und das Öl unterschlagen. Erst die Linsen, dann Brokkoli, Tomaten und Frühlingszwiebeln untermischen. Zuletzt die Sonnenblumenkerne unterheben. Den Salat auf Tellern anrichten und den Ricotta in Flöckchen darüber verteilen.

Die Ernährungs-Docs

Hülsenfrüchte wie Linsen eignen sich prima, wenn man fleischlos satt werden möchte, denn sie liefern viel Eiweiß. Wer Gicht hat, sollte sie allerdings in Maßen genießen. Brokkoli ist leicht bekömmlich und steht auf der Rangliste der entzündungshemmenden Lebensmittel ganz oben, unter anderem wegen seines hohen Gehalts an Vitamin C und weiteren Antioxidantien. Darüber hinaus ist das Kohlgemüse eine tolle Kalziumquelle.

Quinoa-Spinat-Salat mit Erdbeeren

Arthrose | Gicht | Rheuma

Für 2 Personen
Zubereitungszeit: 30 Minuten

100 g Quinoa
Salz
100 g junger Spinat
150 g Erdbeeren
125 g Mini-Mozzarellakugeln
2 EL Aceto balsamico
Pfeffer aus der Mühle
1 EL kalt gepresstes Olivenöl
1 EL Walnussöl
2 EL Salatkernmischung

Nährwerte pro Portion: 560 kcal, 23 g EW, 32 g F, 39 g KH, 7 g BST, 322 mg Ca, 26 mg Purin

+ Die Quinoa in einem Sieb gründlich mit kaltem Wasser waschen, dann in einen Topf mit 300 ml Salzwasser geben. Die Quinoa einmal aufkochen und mit geschlossenem Deckel bei schwacher Hitze etwa 20 Minuten garen. Vom Herd nehmen und offen abkühlen lassen.

+ Inzwischen den Spinat verlesen, waschen und trocken tupfen. Die Erdbeeren waschen, putzen und je nach Größe halbieren oder vierteln. Die Mozzarellakugeln jeweils halbieren.

+ Für das Dressing den Essig mit 3 EL Wasser, Salz und Pfeffer in einer Schüssel verrühren und Oliven- und Walnussöl unterschlagen. Erst die Quinoa untermischen, dann Spinat, Erdbeeren und Mozzarella unterheben. Den Salat auf Tellern anrichten und mit der Salatkernmischung bestreut servieren.

Tipp: Zum Mitnehmen können Sie die gegarte Quinoa mit dem Dressing mischen und in eine Dose füllen. Spinat, Erdbeeren, Mozzarella und Kerne locker darauflegen, die Dose verschließen und kühl stellen. Zum Essen in der Mittagspause alle Salatzutaten mischen und auf einem Teller anrichten.

Die Ernährungs-Docs

In Quinoa stecken sämtliche neun lebenswichtigen Aminosäuren – das kommt bei pflanzlichen Nahrungsmitteln nur sehr selten vor. Das aus Südamerika stammende „Korn der Inkas" glänzt dadurch als hervorragende Eiweißquelle. Ebenso wie Spinat enthält Quinoa außerdem besonders viel Magnesium, das als König unter den entzündungshemmenden Mineralstoffen gilt.

Antipasti-Gemüse mit Mandeln

Arthrose | Gicht | Rheuma

Für 2 Personen
Zubereitungszeit: 30 Minuten
Garen: 25–30 Minuten

1 rote Paprikaschote
200 g Blumenkohl
100 g kleine Kräuterseitlinge
2 Knoblauchzehen
2 EL nicht natives Olivenöl
1 TL Kurkuma
1/2 TL Paprikapulver rosenscharf
Salz, Pfeffer aus der Mühle
30 g geschälte Mandeln
1 kleine Zitrone
1 TL Reissirup oder Agavendicksaft
1 EL Hanf- oder Leinöl
2 Basilikumstiele

Nährwerte pro Portion: 300 kcal, 8 g EW, 24 g F, 10 g KH, 6 g BST, 48 mg Ca, 26 mg Purin

+ Den Backofen auf 200 °C vorheizen. Ein Backblech mit Backpapier belegen. Die Paprika längs halbieren, entkernen, waschen und in etwa 2 cm große Stücke schneiden. Den Blumenkohl putzen, waschen und in Röschen zerteilen. Die Pilze putzen, falls nötig, trocken abreiben und in Scheiben schneiden. Den Knoblauch schälen und in feine Scheiben schneiden.

+ In einer Schüssel das Olivenöl mit Kurkuma, Paprikapulver, Salz und Pfeffer verrühren. Paprika, Blumenkohl, Kräuterseitlinge und Knoblauch hinzufügen und gut mischen. Das Gemüse auf dem Blech verteilen und im Ofen auf der mittleren Schiene 25 bis 30 Minuten goldbraun garen, dabei nach der Hälfte der Garzeit wenden. Aus dem Ofen nehmen und etwa 5 Minuten abkühlen lassen.

+ Inzwischen die Mandeln in einer Pfanne ohne Fett bei mittlerer Hitze hell rösten. Herausnehmen und abkühlen lassen, dann mit Salz würzen. Die Zitrone halbieren, auspressen und den Saft mit Sirup, Salz, Pfeffer und Hanf- oder Leinöl verrühren. Das abgekühlte Gemüse damit beträufeln. Das Basilikum waschen, trocken schütteln, die Blätter abzupfen und mit den Mandeln über das Gemüse streuen.

Tipp: Das Gemüse schmeckt noch intensiver, wenn man es über Nacht im Kühlschrank durchziehen lässt. Super als Lunch fürs Büro!

Die Ernährungs-Docs

Der warme Salat nach mediterraner Art ist eine wahre Augenweide: Der entzündungshemmende Farbstoff aus der Gelbwurz (Kurkuma) lässt ihn so schön leuchten. Und er vereint die Aromen heilkräftiger Zutaten wie Paprika und Mandeln aufs Köstlichste.

Grüner Gazpacho mit Mandel-Feta-Topping

Arthrose | Gicht | Rheuma

Für 2 Personen
Zubereitungszeit: 25 Minuten

200 g Salatgurke
1 grüne Spitzpaprikaschote (ca. 125 g)
1 grüne Peperonischote
1 kleine reife Avocado
2 Frühlingszwiebeln
50 g junger Spinat
1 kleine Knoblauchzehe
3 EL kalt gepresstes Olivenöl
1 EL Balsamico bianco
Salz, Pfeffer aus der Mühle
50 g Feta (Schafskäse)
1 EL Mandeln
3 Petersilienstiele

Nährwerte pro Portion: 430 kcal, 9 g EW, 37 g F, 11 g KH, 8 g BST, 171 mg Ca, 11 mg Purin

+ Die Gurke schälen. Die Spitzpaprika und die Peperoni längs halbieren, entkernen und waschen. Alles in Stücke schneiden. Die Avocado halbieren und den Stein entfernen, die Hälften schälen und grob in Würfel schneiden. Die Frühlingszwiebeln putzen, waschen und in dünne Ringe schneiden. Den Spinat verlesen, waschen und trocken tupfen. Den Knoblauch schälen und fein hacken.

+ Gurke, Paprika, Peperoni, Avocado, Frühlingszwiebeln, Spinat und Knoblauch in den Standmixer oder hohen Rührbecher geben. Öl, Essig und 150 ml kaltes Wasser hinzufügen und das Ganze erst auf kleiner Stufe starten, dann alles auf höchster Stufe cremig fein pürieren. Den Gazpacho mit Salz und Pfeffer abschmecken.

+ Den Feta in kleine Würfel schneiden. Die Mandeln hacken. Die Petersilie waschen und trocken schütteln, die Blätter abzupfen und fein hacken. Feta, Mandeln und Petersilie mischen. Den Gazpacho anrichten und mit dem Topping bestreut servieren.

Tipp: Die kalte Suppe ist im Sommer ideal fürs Büro. Für den Transport in eine Flasche oder ein Glas mit Schraubverschluss füllen und kühl stellen. Das Topping in einer kleinen Box extra verpacken.

Die Ernährungs-Docs

Avocado ist die Basis für die spanische Suppe aus rohem Gemüse. Sie liefert wertvolle einfach ungesättigte Fettsäuren, die den Cholesterinspiegel senken und die Herzgesundheit unterstützen können. Die entzündungshemmenden Eigenschaften der grünen Frucht sollen vor schmerzhafter Arthritis schützen und auch bei chronischen Gelenkschmerzen hilfreich sein.

Kohlrabi-Kerbel-Cremesuppe

Arthrose | Gicht | Rheuma

Für 2 Personen
Zubereitungszeit: 35 Minuten

2 Kohlrabis (ca. 600 g)
1 Zwiebel, 1 EL Olivenöl
½ l Gemüsebrühe
300 ml Milch (1,5 % Fett)
Salz, Pfeffer aus der Mühle
40 g Kerbel, ½ Bund Petersilie

Nährwerte pro Portion: 250 kcal, 11 g EW, 13 g F, 19 g KH, 6 g BST, 405 mg Ca, 21 mg Purin

+ Die Kohlrabis halbieren, putzen und schälen. Zwiebel schälen und mit den Kohlrabis in grobe Würfel schneiden, beides in einem Topf im Öl bei mittlerer Hitze 2 bis 3 Minuten andünsten. Brühe und Milch dazugießen, alles mit Salz und Pfeffer würzen und einmal aufkochen. Dann mit geschlossenem Deckel etwa 15 Minuten weich garen.

+ Inzwischen Kerbel und Petersilie waschen und trocken schütteln, einige Kerbelblätter von den Stielen zupfen und beiseitelegen. Restlichen Kerbel und die Petersilie mit den Stielen grob hacken. Die Kräuter zum Gemüse geben. Den Topf vom Herd nehmen und alles mit dem Stabmixer fein pürieren. Die Suppe mit Salz und Pfeffer abschmecken. Mit dem beiseitegelegten Kerbel bestreut servieren. Dazu schmeckt pro Portion 1 Scheibe Vollkornbrot (im Bild oben).

Möhren-Linsen-Dalsuppe

Arthrose | Gicht | Rheuma

Für 2 Personen
Zubereitungszeit: 30 Minuten

1 rote Zwiebel, 200 g Möhren
1 EL Rapsöl, 75 g rote Linsen
2 EL Currypulver, je 400 ml Gemüsebrühe und Tomatensaft
Salz, 50 g Cashewkerne
½ Bund Koriandergrün

Nährwerte pro Portion: 450 kcal, 18 g EW, 22 g F, 39 g KH, 12 g BST, 127 mg Ca, 35 mg Purin

+ Zwiebel schälen und fein würfeln. Möhren putzen, schälen und klein würfeln. Zwiebel in einem Topf im Öl andünsten. Möhren, Linsen und Curry dazugeben und 2 bis 3 Minuten mitdünsten. Brühe und Tomatensaft dazugießen, alles aufkochen und mit geschlossenem Deckel bei mittlerer Hitze etwa 20 Minuten köcheln lassen.

+ Dann den Topf vom Herd nehmen und alles mit dem Stabmixer fein pürieren, die Suppe mit Salz würzen. Inzwischen die Cashewkerne grob hacken und in einer Pfanne ohne Fett hell rösten. Herausnehmen und abkühlen lassen. Den Koriander waschen, trocken schütteln, die Blätter abzupfen und grob hacken, mit den Cashewkernen mischen. Die Dalsuppe in Schalen anrichten und mit dem Cashew-Koriander-Topping bestreut servieren (im Bild unten).

Quinoa-Gemüse-Bratlinge mit Endiviensalat

Arthrose | Gicht | Rheuma

Für 2 Personen
Zubereitungszeit: 35 Minuten

100 g Möhren
150 g Zucchini
100 g mittelalter Gouda (max. 45 % Fett)
30 g gepuffte Quinoa
3 EL Chiasamen
1 Ei (Größe M)
Salz, Pfeffer aus der Mühle
150 g Naturjoghurt (1,5 % Fett)
2 TL mittelscharfer Senf
Zucker
150 g Endiviensalat
2 EL nicht natives Olivenöl

Nährwerte pro Portion: 500 kcal, 25 g EW, 35 g F, 20 g KH, 8 g BST, 733 mg Ca, 16 mg Purin

+ Für die Bratlinge die Möhren putzen, schälen und auf der Gemüsereibe fein raspeln. Die Zucchini putzen, waschen und ebenfalls grob raspeln. Den Gouda reiben. Möhren, Zucchini und Käse zwischen mehreren Lagen Küchenpapier ausdrücken. Dann die Gemüse-Käse-Mischung mit Quinoa, Chiasamen, Ei, Salz und Pfeffer mischen und die Masse etwa 15 Minuten ruhen lassen.

+ Inzwischen für den Salat den Joghurt mit Senf, Salz, Pfeffer und 1 Prise Zucker in einer Schüssel verrühren. Vom Endiviensalat die äußeren Blätter entfernen. Den Salat in die einzelnen Blätter teilen, waschen, trocken schütteln und in 1 cm breite Streifen schneiden.

+ Aus der Masse mit angefeuchteten Händen 6 etwa 1 cm dicke Taler formen. Das Öl in einer großen beschichteten Pfanne erhitzen und die Quinoa-Taler darin bei mittlerer Hitze auf jeder Seite 3 bis 4 Minuten goldbraun braten. Dabei nach der Hälfte der Bratzeit mit einem Pfannenwender vorsichtig wenden.

+ Den Endiviensalat mit dem Joghurtdressing mischen, auf Tellern verteilen und jeweils mit Quinoa-Bratlingen servieren.

Die Ernährungs-Docs

Eiweißreich, mit gesunden Fetten und Ballaststoffen: Die Low-Carb-Puffer mit viel Gemüse, Körnern und Käse lassen den Blutzucker nur langsam ansteigen und machen lange satt. Der Endiviensalat ist die perfekte Ergänzung dazu: Er enthält viele Flavonoide, die zu den sekundären Pflanzenstoffen zählen. Sie wirken nicht nur antioxidativ und entzündungshemmend, sondern stärken insgesamt das körpereigene Immunsystem.

Spitzkohlsalat mit Geflügelbällchen

Arthrose | Gicht | Rheuma

Für 2 Personen
Zubereitungszeit: 45 Minuten

150 g Hähnchenbrustfilet
2 EL zarte Vollkornhaferflocken
1 EL Magerquark
Salz, Pfeffer aus der Mühle
1 TL getrockneter Thymian
1 Msp. Bio-Zitronenschale
250 g Spitzkohl
(ersatzweise zarter Weißkohl)
1 Möhre
1 kleiner Apfel
100 ml Buttermilch
2 TL Zitronensaft
3 Petersilienstiele
2 EL nicht natives Olivenöl

Nährwerte pro Portion: 310 kcal, 24 g EW, 12 g F, 22 g KH, 6 g BST, 157 mg Ca, 61 mg Purin

+ Das Fleisch waschen und trocken tupfen und erst grob in Stücke schneiden, dann im Blitzhacker mittelfein zerkleinern. Mit Flocken und Quark in eine Schüssel geben, mit Salz, Pfeffer, Thymian und Zitronenschale würzen und gut mischen. Aus der Masse mit angefeuchteten Händen 10 Bällchen formen und abgedeckt kühl stellen.

+ Für den Salat vom Spitzkohl die äußeren Blätter und den harten Strunk entfernen. Die Spitzkohlblätter waschen, trocken schütteln und in dünne Streifen schneiden. In einer Schüssel mit ¼ TL Salz bestreuen und mit den Händen leicht durchkneten.

+ Die Möhre putzen und schälen. Den Apfel schälen, vierteln und entkernen. Beides auf der Gemüsereibe grob raspeln und zum Spitzkohl geben. Buttermilch und Zitronensaft hinzufügen und alles gut mischen, den Salat mit Salz und Pfeffer abschmecken. Die Petersilie waschen und trocken schütteln, die Blätter abzupfen, fein hacken und unter den Salat mischen.

+ Das Öl in einer großen, beschichteten Pfanne erhitzen und die Geflügelbällchen darin bei mittlerer bis starker Hitze rundum 8 bis 10 Minuten goldbraun braten. Herausnehmen, auf Küchenpapier abtropfen lassen und mit dem Salat anrichten. Nach Belieben alles mit weiteren Petersilienblättern garnieren.

Die Ernährungs-Docs

Frisch, knackig und gesund: Der Spitzkohl wartet auf mit reichlich Kalzium und Folsäure, einem relativ hohen Vitamin-C-Gehalt und mit einer ganzen Palette sekundärer Pflanzenstoffe. Die sogenannten Senfölglycoside beispielsweise sind für den typischen Kohlgeschmack verantwortlich und wirken entzündungshemmend.

Orientalischer Hähnchensalat

Arthrose | Rheuma

Für 2 Personen
Zubereitungszeit: 30 Minuten

300 ml Hühnerbrühe
1 Hähnchenbrustfilet (ca. 200 g)
1 Radicchio (ca. 200 g)
150 g Möhren
1 kleine Dose Kichererbsen (80 g Abtropfgewicht)
1/2 Bund Petersilie
2 Minzestiele
1/2 rosa Grapefruit
1 TL scharfer Senf
1 TL flüssiger Honig
1/2 TL Ras el-Hanout (siehe Tipp)
Salz, Pfeffer aus der der Mühle
2 EL kalt gepresstes Olivenöl

Nährwerte pro Portion: 350 kcal, 31 g EW, 15 g F, 18 g KH, 4 g BST, 91 mg Ca, 98 mg Purin

+ Die Brühe in einem Topf aufkochen. Das Hähnchenfilet waschen, in der Brühe einmal aufkochen und dann mit geschlossenem Deckel bei schwacher Hitze etwa 20 Minuten gar ziehen lassen. Aus der Brühe nehmen, auf Küchenpapier abtropfen und abkühlen lassen.

+ Inzwischen vom Radicchio die äußeren Blätter entfernen. Den Salat in die einzelnen Blätter teilen, waschen, trocken schütteln und in mundgerechte Stücke zupfen. Die Möhren putzen, schälen und in dünne Stifte schneiden. Die Kichererbsen in einem Sieb abbrausen und gut abtropfen lassen. Petersilie und Minze waschen, trocken schütteln, die Blätter abzupfen und grob hacken.

+ Für das Dressing die Grapefruit auspressen und den Saft mit 100 ml Hühnerbrühe (vom Fleisch) in einem kleinen Topf bei starker Hitze auf etwa die Hälfte einkochen lassen. Den Fond vom Herd nehmen, mit Senf, Honig, Ras el-Hanout, Salz, Pfeffer und Öl verrühren.

+ Radicchio, Möhren, Kichererbsen und Kräuter mit der Hälfte des Dressings mischen und auf Tellern verteilen. Die Hähnchenfilets schräg in Scheiben schneiden und auf dem Salat anrichten. Mit dem übrigen Grapefruitdressing beträufelt servieren.

Tipp: Ras el-Hanout ist ein marokkanischer Gewürzmix, unter anderem aus Kurkuma, Chili, Zimt, Pfeffer, Kardamom und Kreuzkümmel.

Die Ernährungs-Docs

Radicchio verdankt seine dunkelrote Farbe den Anthocyanen, sekundären Pflanzenstoffen, die als entzündungshemmend gelten. Sie stärken die Immunabwehr, wirken antimikrobiell und antioxidativ. Durch den Bitterstoff Lactucopikrin regt Radicchio außerdem das gesamte Verdauungssystem an. Am besten roh essen!

Spargelsalat mit Stremellachs

Arthrose | Gicht | Rheuma

Für 2 Personen
Zubereitungszeit: 35 Minuten

300 g weißer Spargel
250 g grüner Spargel
150 g Zuckerschoten
Salz
100 g Naturjoghurt (1,5 % Fett)
50 g saure Sahne
1 EL Zitronensaft
1 TL geriebener Meerrettich (aus dem Glas)
Pfeffer aus der Mühle
1 Bund Schnittlauch
250 g Stremellachs (mit Haut)

Nährwerte pro Portion: 410 kcal, 36 g EW, 21 g F, 15 g KH, 7 g BST, 162 mg Ca, 54 mg Purin

+ Beide Spargelsorten waschen. Den weißen Spargel ganz, den grünen nur im unteren Drittel schälen und die holzigen Enden entfernen. Beide Spargelsorten schräg in 4 bis 5 cm lange Stücke schneiden, dabei die Spitzen nach Belieben längs halbieren. Die Zuckerschoten putzen und waschen.

+ Den weißen Spargel in kochendem Salzwasser mit geschlossenem Deckel bei mittlerer Hitze etwa 5 Minuten garen. Grünen Spargel nach etwa 2 Minuten, Zuckerschoten nach etwa 3 Minuten dazugeben, jeweils nochmals aufkochen und mitgaren. Das Gemüse in ein Sieb abgießen, eiskalt abschrecken und gut abtropfen lassen.

+ Für das Dressing Joghurt mit saurer Sahne, Zitronensaft und Meerrettich in einer Schüssel verrühren und mit Salz und Pfeffer würzen. Den Schnittlauch waschen, trocken schütteln und in feine Röllchen schneiden. Zwei Drittel des Schnittlauchs mit Spargel und Zuckerschoten unter das Dressing mischen.

+ Den Salat auf Tellern verteilen und mit dem übrigen Schnittlauch bestreuen. Stremellachs von der Haut befreien und daraufsetzen (nach Belieben vorher im Ofen bei 80 °C etwa 8 Minuten erwärmen).

Tipp: Stremellachs wird mit der Haut heiß (statt kalt) geräuchert, was ihm seine typische rauchige Würze verleiht. Zum Essen bitte häuten!

Die Ernährungs-Docs

Spargel ist gesund und besteht zu 95 Prozent aus Wasser. Er verfügt über sekundäre Pflanzenstoffe wie Carotinoide, Sulfide und Anthocyane. Sie wirken cholesterinsenkend, zellschützend, immunstärkend und entzündungshemmend. Bei erhöhten Harnsäurewerten ist Spargel allerdings zurückhaltend zu genießen.

Avocado-Orangen-Salat mit Garnelen

Arthrose | Gicht | Rheuma

Für 2 Personen
Zubereitungszeit: 30 Minuten

1 Orange
100 g junger Spinat
1 reife Avocado
2 EL Weißweinessig
Salz
Chiliflocken
2 EL Hanföl
150 g geschälte rohe Garnelen
1 Knoblauchzehe
1 EL nicht natives Olivenöl
10 g gepuffte Quinoa

Nährwerte pro Portion: 410 kcal, 18 g EW, 28 g F, 15 g KH, 7 g BST, 183 mg Ca, 54 mg Purin

+ Die Orange so großzügig schälen, dass auch die weiße Haut mit entfernt wird. Die Filets zwischen den einzelnen Trennhäuten herausschneiden, den austretenden Saft auffangen und den Rest der Orange gut ausdrücken. Den Spinat verlesen, waschen und trocken tupfen. Die Avocado längs halbieren und den Stein entfernen, die Hälften schälen und in Spalten schneiden.

+ Den aufgefangenen Orangensaft mit Essig, Salz und 1/4 TL Chiliflocken verrühren und das Hanföl unterschlagen. Den Spinat auf Tellern ausbreiten, die Avocadospalten und Orangenfilets darauf verteilen und mit dem Dressing beträufeln.

+ Die Garnelen waschen und trocken tupfen. Den Knoblauch schälen und in feine Würfel schneiden. Das Olivenöl in einer beschichteten Pfanne erhitzen und die Garnelen darin bei mittlerer Hitze auf jeder Seite 3 bis 4 Minuten braten. Dabei nach der Hälfte der Bratzeit den Knoblauch dazugeben.

+ Die Knoblauchgarnelen auf dem Salat anrichten und mit Chiliflocken und gepuffter Quinoa bestreut servieren.

Die Ernährungs-Docs

Sowohl in Garnelen als auch im Spinat stecken Carotinoide. Das sind Antioxidantien, die zu einem besseren Verlauf von Entzündungen beitragen oder vor ihnen schützen können. Denn sie neutralisieren freie Radikale – das sind reaktionsfreudige Sauerstoffverbindungen, die durch Chemikalien, starke UV-Strahlung oder Schadstoffe im Körper vermehrt entstehen können (siehe Seite 37). Personen mit Gicht sollten Garnelen nur in Maßen verzehren.

Kartoffelsalat mit Erbsen und Makrele

Arthrose | Gicht | Rheuma

Für 2 Personen
Zubereitungszeit: 20 Minuten

1 kleine Bio-Zitrone
½ Knoblauchzehe (zum Ausreiben)
Salz, Pfeffer aus der Mühle
5 EL Gemüsebrühe
2 EL kalt gepresstes Olivenöl
300 g gegarte, festkochende Pellkartoffeln (vom Vortag)
2 Frühlingszwiebeln
½ Bund Petersilie
100 g tiefgekühlte Erbsen
150 g geräuchertes Makrelenfilet (mit Haut)
2–3 kleine Strauchtomaten (ca. 100 g)
100 g Kopfsalat

Nährwerte pro Portion: 480 kcal, 19 g EW, 29 g F, 30 g KH, 6 g BST, 93 mg Ca, 28 mg Purin

+ Die Zitrone heiß waschen, abtrocknen und die Schale fein abreiben. Die Zitrone halbieren und den Saft auspressen. Eine Schüssel mit der Knoblauchhälfte ausreiben. Zitronensaft und -schale mit Salz, Pfeffer, Brühe und Öl gründlich verrühren.

+ Die Kartoffeln pellen und in dünne Scheiben schneiden. Die Frühlingszwiebeln putzen, waschen und in dünne Ringe schneiden. Die Petersilie waschen, trocken schütteln, die Blätter abzupfen und fein hacken. Kartoffeln, Frühlingszwiebeln und Petersilie mit dem Dressing mischen und den Salat etwa 10 Minuten ziehen lassen.

+ Tiefgekühlte Erbsen in einer Schüssel mit kochendem Wasser übergießen und 5 Minuten ziehen lassen, dann in ein Sieb abgießen und gut abtropfen lassen. Fischfilet häuten und zerpflücken. Tomaten waschen und in Spalten schneiden, dabei Stielansätze entfernen. Vom Salat die äußeren Blätter entfernen, den Salat in Blätter teilen, waschen, trocken schütteln und in mundgerechte Stücke zupfen.

+ Erbsen, Makrele, Tomaten und Salat zu den Kartoffeln geben und locker untermischen. Den Salat sofort auf Tellern oder in Schalen anrichten und servieren.

Die Ernährungs-Docs

Kartoffeln und Fisch bilden nicht nur geschmacklich ein tolles Duo: Gemeinsam liefern sie eine Eiweißkombination von sehr hoher biologischer Wertigkeit – das bedeutet, sie versorgen unseren Körper ideal mit den Proteinen, die er braucht. Kaltwasserfische wie Makrele oder Hering sind darüber hinaus reich an wertvollen Omega-3-Fettsäuren. Wichtig: ohne Haut verzehren!

Blumenkohl-Gurken-Salat mit Krabben

Arthrose | Gicht | Rheuma

Für 2 Personen
Zubereitungszeit: 25 Minuten

300 g Blumenkohl
Salz
1 Salatgurke
2 ½ EL Weißweinessig
½ TL scharfer Senf
Pfeffer aus der Mühle
2 EL kalt gepresstes Olivenöl
1 Schalotte
125 g Nordseekrabben (aus dem Kühlregal; siehe Tipp)
¼ Kästchen Gartenkresse

Nährwerte pro Portion: 200 kcal, 15 g EW, 12 g F, 6 g KH, 4 g BST, 115 mg Ca, 52 mg Purin

+ Den Blumenkohl putzen, waschen und in Röschen zerteilen. In kochendem Salzwasser etwa 3 Minuten blanchieren, dann in ein Sieb abgießen, eiskalt abschrecken und gut abtropfen lassen. Inzwischen die Gurke schälen, längs vierteln und die Kerne mit einem Teelöffel entfernen. Die Gurkenviertel in etwa 1 cm große Würfel schneiden.

+ In einer Schüssel Essig, Senf, Salz und Pfeffer verrühren und das Öl unterschlagen. Die Schalotte schälen und in feine Würfel schneiden, unter die Vinaigrette rühren. Blumenkohl und Gurkenwürfel untermischen und den Salat mit Salz und Pfeffer abschmecken.

+ Die Krabben in einem Sieb kalt abbrausen und abtropfen lassen. Kresse vom Beet abschneiden, waschen und trocken tupfen. Krabben und Kresse unter den Salat mischen, nochmals mit Salz und Pfeffer abschmecken. Den Salat auf Tellern oder in Schalen servieren. Dazu schmeckt pro Portion 1 Scheibe Vollkornbrot mit Frischkäse.

Tipp: Wer keine Nordseekrabben bekommt, kann genauso gut ausgelöste Flusskrebsschwänze oder gewürfelten Räuchertofu nehmen.

Die Ernährungs-Docs

Nordseekrabben sind eine typisch norddeutsche Spezialität, die es in sich hat. Die Mini-Krustentiere überzeugen durch viel wertvolles Eiweiß. Vitamin E, Selen und Zink schützen die Zellen vor oxidativem Stress. Die Omega-3-Fettsäuren sind hilfreich bei verschiedenartigen Entzündungsreaktionen im Körper, unter anderem bei Rheuma. Personen mit Gicht sollten Krabben nur selten essen.

Blitzrezepte für unterwegs

Tschüss, Kantine und Imbiss um die Ecke! Jetzt gibt es schnell was aus der eigenen Küche. Ob erfrischender Salat aus dem Glas, cremige Suppe oder kerniges Sandwich – alle Gerichte lassen sich prima vorbereiten und verpackt mitnehmen.

Chicorée mit Makrelen-Meerrettich-Quark

+ Für 2 Personen: **125 g geräuchertes Makrelenfilet** (ohne Haut) entgräten, zerzupfen, mit **100 g Magerquark** und **2 TL geriebenem Meerrettich** (aus dem Glas) verrühren. Mit **1 TL Zitronensaft, Salz** und **Pfeffer** würzen. **½ Bund Schnittlauch** waschen, trocken tupfen, in feine Röllchen schneiden, untermischen. Quark in **6 Chicoréeblätter** füllen. **1 Mini-Gurke** waschen, in dünne Scheiben schneiden, darauf verteilen und leicht andrücken.

Nährwerte pro Portion: 270 kcal, 19 g EW, 20 g F, 5 g KH, 2 g BST, 98 mg Ca, 5 mg Purin

Bohnensalat im Glas

+ Für 2 Personen: **2 EL Aceto balsamico, 2 EL Gemüsebrühe, ½ TL Senf, Salz, Pfeffer** und **2 EL kalt gepresstes Olivenöl** verrühren, auf zwei Gläser verteilen. **30 g Rucola** und **50 g Portulak** waschen und trocken tupfen. **1 Möhre** schälen und raspeln. **8 Radieschen** waschen, in Scheiben schneiden. **100 g Cocktailtomaten** waschen und halbieren. **120 g weiße Bohnen** (aus der Dose) in einem Sieb abbrausen und abtropfen lassen. Alles in die Gläser schichten, zum Essen mischen.

Nährwerte pro Portion: 180 kcal, 5 g EW, 11 g F, 13 g KH, 4 g BST, 82 mg Ca, 18 mg Purin

Brokkoli-Erbsen-Suppe

+ Für 2 Personen: **200 g TK-Brokkoli** und **100 g TK-Erbsen** antauen. **1 Zwiebel** schälen, würfeln und in **1 EL nicht nativem Olivenöl** andünsten. **Brokkoli, Erbsen, 400 ml Gemüsebrühe** und **100 g Kochsahne** (15 % Fett) dazugeben. Aufkochen und mit geschlossenem Deckel 20 Minuten köcheln, dann pürieren. Mit **Salz und Pfeffer** würzen, auf Schraubgläser verteilen. Zum Servieren erhitzen, mit **½ TL Chiliflocken** und **Minze** garnieren.
Nährwerte pro Portion: 260 kcal, 9 g EW, 17 g F, 13 g KH, 8 g BST, 118 mg Ca, 49 mg Purin

Avocadosandwich

+ Für 2 Personen: **25 g gehackte Walnüsse** ohne Fett hell rösten. Fruchtfleisch von **1 reifen Avocado** zerdrücken, mit **1 EL Naturjoghurt** (1,5 % Fett), Walnüssen, **Salz, Pfeffer** und **1–2 TL Limettensaft** mischen. **1 Tomate** waschen und in Scheiben schneiden. **2 Salatblätter** waschen und trocken tupfen. **4 Scheiben Roggenvollkornbrot** mit Avocado bestreichen. 2 Scheiben mit Salat, Tomate und **1 Handvoll gewaschenen Alfalfa-Sprossen** belegen, übrige Scheiben darauflegen.
Nährwerte pro Portion: 450 kcal, 12 g EW, 22 g F, 45 g KH, 14 g BST, 81 mg Ca, 22 mg Purin

Hähnchen-Zucchini-Wrap

+ Für 2 Personen: **150 g Zucchini** putzen, waschen und in ½ cm dicke Scheiben schneiden. **150 g Hähnchenbrustfilet** waschen, trocken tupfen und in Streifen schneiden. **1 kleine rote Zwiebel** schälen und in dünne Ringe schneiden. Alles in **2 EL nicht nativem Olivenöl** 3 bis 4 Minuten stark braten, **salzen und pfeffern**. **2 Vollkorn-Tortillafladen** mit **2 EL Tsatsiki** (Fertigprodukt) bestreichen, mit Hähnchen, **80 g Rotkohlstreifen** und **1 Handvoll jungem Spinat** belegen. Wraps aufrollen.
Nährwerte pro Portion: 350 kcal, 25 g EW, 15 g F, 25 g KH, 4 g BST, 171 mg Ca, 63 mg Purin

HAUPTGERICHTE

Jetzt ist Zeit für eine ordentliche Stärkung! Die warmen Fitmacher-Genüsse sind lecker, gut bekömmlich und liefern mit ihrem ausgewogenen Nährstoffmix genug Energie, um voller Tatendrang durchzustarten. Leicht verdauliches Eiweiß und gesunde Fette machen die Rezepte besonders wertvoll für ernährungsbewusste Genießer.

Spaghetti mit Veggie-Bolognese

Arthrose | Gicht | Rheuma

Für 2 Personen
Zubereitungszeit: 45 Minuten

1 Zwiebel
1 Knoblauchzehe
200 g Feto (fermentierter Naturtofu; aus Reformhaus oder Bioladen)
1 Bund Suppengrün
1 kleiner Fenchel
6 Thymianzweige
2 EL nicht natives Olivenöl
Salz, Pfeffer aus der Mühle
1 TL Paprikapulver edelsüß
2 TL Tomatenmark
200 g stückige Tomaten (aus der Dose)
150 ml Gemüsebrühe
150 g Spaghetti
50 g Parmesanspäne

Nährwerte pro Portion: 680 kcal, 38 g EW, 25 g F, 68 g KH, 12 g BST, 612 mg Ca, 34 mg Purin

+ Die Zwiebel und den Knoblauch schälen und separat in feine Würfel schneiden. Den Feto in kleine Würfel schneiden oder fein hacken. Suppengrün und Fenchel putzen, waschen und in kleine Würfel schneiden. Den Thymian waschen, trocken schütteln, die Blätter abzupfen und fein hacken.

+ Das Öl in einer Pfanne erhitzen und die Zwiebel darin andünsten. Den Feto dazugeben, mit Salz, Pfeffer und Paprikapulver kräftig würzen und bei mittlerer Hitze etwa 2 Minuten unter Wenden andünsten. Alle Gemüsesorten und den Knoblauch hinzufügen und 2 bis 3 Minuten mitbraten. Das Tomatenmark dazugeben und kurz andünsten. Die Tomatenstücke und die Brühe hinzufügen. Alles unter Rühren aufkochen, den Thymian dazugeben und die Bolognese offen bei schwacher Hitze etwa 15 Minuten köcheln lassen.

+ Inzwischen die Nudeln in kochendem Salzwasser nach Packungsanweisung bissfest garen. In ein Sieb abgießen und abtropfen lassen, dabei etwa 5 EL Kochwasser auffangen. Falls die Bolognese zu stark eingekocht ist, mit etwas Nudelkochwasser verdünnen. Bolognese mit Salz und Pfeffer würzen und mit den Nudeln auf Tellern anrichten. Mit Parmesan und nach Belieben mit Oregano bestreut servieren.

Die Ernährungs-Docs

Trick siebzehn: Mit dem fermentierten Tofu plus Paprikapulver zaubern Sie ohne Hackfleisch eine schmackhafte Bolognese. Sojaprodukte sind generell eine gute Quelle für Pflanzeneiweiß, Vitamin B_6, Eisen, Kalzium und Folsäure. In fermentierter Form (z. B. als Miso, Sojajoghurt, Sojasauce oder wie hier als Feto) sind sie allerdings gesundheitlich vorteilhafter als unfermentiert (wie in Tofu, Sojamilch oder Sojasahne). Für Menschen mit Gicht ist bei Sojaprodukten wie auch Tofu Zurückhaltung geboten.

Penne mit Auberginen und Mozzarella

Arthrose | Gicht | Rheuma

Für 2 Personen
Zubereitungszeit: 35 Minuten

1 Aubergine (ca. 300 g)
Salz
1 rote Zwiebel
1 Knoblauchzehe
1 kleine rote Chilischote
2 Tomaten
150 g Penne
2 EL nicht natives Olivenöl
2 TL Tomatenmark
100 ml Gemüsebrühe
Pfeffer aus der Mühle
125 g Mozzarella light
(8,5 % Fett)
3 Basilikumstiele

Nährwerte pro Portion: 490 kcal, 20 g EW, 15 g F, 63 g KH, 8 g BST, 117 mg Ca, 33 mg Purin

+ Die Aubergine putzen, waschen und in etwa 1 cm große Würfel schneiden. Mit Salz bestreuen und etwa 10 Minuten ziehen lassen. Inzwischen Zwiebel und Knoblauch schälen und in feine Würfel schneiden. Die Chilischote längs halbieren, entkernen, waschen und in kleine Würfel schneiden. Die Tomaten waschen und in Würfel schneiden, dabei die Stielansätze entfernen. Die Auberginenwürfel mit Küchenpapier trocken tupfen.

+ Die Penne in kochendem Salzwasser nach Packungsanweisung bissfest garen. In ein Sieb abgießen und abtropfen lassen.

+ Inzwischen das Öl in einer großen Pfanne erhitzen und die Aubergine darin bei starker Hitze etwa 3 Minuten unter Rühren andünsten. Zwiebel, Knoblauch und Chili dazugeben und 2 Minuten mitdünsten. Tomaten und Tomatenmark hinzufügen und die Brühe dazugießen. Alles mit Salz und Pfeffer würzen und mit geschlossenem Deckel bei schwacher bis mittlerer Hitze 5 bis 10 Minuten köcheln lassen.

+ Den Mozzarella grob in Stücke zerteilen. Das Basilikum waschen, trocken tupfen und die Blätter abzupfen. Die Pasta mit dem Auberginenragout auf Tellern anrichten und mit Mozzarellastücken und Basilikum bestreut servieren.

Ernährungs-Docs

Die dunkle Farbe der Aubergine weist auf ihren hohen Gehalt an Anthocyanen hin. Die Pflanzenfarbstoffe wirken antioxidativ. Außerdem stecken in der Schale Bitterstoffe, die Leber und Bauchspeicheldrüse anregen, viele B-Vitamine gegen Müdigkeit und Stress sowie Mineralstoffe. Auberginen also mit Schale verwenden!

Frühlingsgemüse-Pasta mit Papaya

Arthrose | Gicht | Rheuma

Für 2 Personen
Zubereitungszeit: 30 Minuten

150 g Möhren
100 g Zuckerschoten
3 Frühlingszwiebeln
1 Stück Ingwer (ca. 15 g)
1 Knoblauchzehe
1 kleine rote Chilischote
250 g reife Papaya
20 g Cashewkerne
½ Bund Koriandergrün
160 g Vollkorn-Fusilli
Salz
2 EL nicht natives helles Sesamöl
Pfeffer aus der Mühle
Saft von ½ Limette
2 EL Sojasauce

Nährwerte pro Portion: 550 kcal, 16 g EW, 18 g F, 71 g KH, 16 g BST, 150 mg Ca, 0 mg Purin

+ Die Möhren putzen, schälen und schräg in dünne Scheiben schneiden. Die Zuckerschoten putzen, waschen und diagonal halbieren. Die Frühlingszwiebeln putzen, waschen und den grünen Teil schräg in 3 cm breite Stücke schneiden, den weißen Teil halbieren oder vierteln. Ingwer und Knoblauch schälen und in feine Würfel schneiden. Chili längs halbieren, entkernen, waschen und in Streifen schneiden. Papaya entkernen, schälen und in Spalten schneiden.

+ Cashews hacken. Koriander waschen, trocken schütteln, Blätter abzupfen und fein hacken. Mit Cashews mischen. Nudeln in kochendem Salzwasser nach Packungsanweisung bissfest garen. In ein Sieb abgießen und abtropfen lassen, dabei 5 EL Kochwasser auffangen.

+ Inzwischen das Öl in einer großen Pfanne erhitzen und Möhren, Zuckerschoten, Frühlingszwiebeln, Ingwer, Knoblauch und Chili darin bei mittlerer Hitze etwa 2 Minuten andünsten. Mit Salz und Pfeffer würzen, Nudeln und Papaya dazugeben und untermischen.

+ Etwas Nudelkochwasser und den Limettensaft untermischen und alles mit Sojasauce und Pfeffer würzen. Dann bei schwacher Hitze noch etwa 3 Minuten ziehen lassen. Die Gemüse-Pasta auf Tellern anrichten und mit dem Cashew-Koriander-Mix bestreut servieren.

Die Ernährungs-Docs

Ingwer, Chili, Limette und Papaya spielen bei entzündungshemmenden Lebensmitteln in der ersten Liga. Papaya zählt zu den gesündesten Früchten der Tropen: Ihr reifes Fruchtfleisch schmeckt süßlich, unreif dient es als Kochgemüse. Die leicht scharfen Kerne sind ebenfalls essbar. Kerne und Fruchtfleisch enthalten das eiweißspaltende Enzym Papain, das die Verdauung fördert.

Gemüse-Zartweizen-Risotto

Arthrose | Gicht | Rheuma

Für 2 Personen
Zubereitungszeit: 30 Minuten

1 kleine Zwiebel
1 Knoblauchzehe
je 1 gelbe und rote Paprikaschote
150 g Zucchini
150 g Staudensellerie
8 Thymianzweige
2 EL nicht natives Olivenöl
125 g Zartweizen
(z. B. von Ebly; ersatzweise Zartdinkel oder 10-Minuten-Naturreis)
5 EL trockener Weißwein
Salz, Pfeffer aus der Mühle
1/4 TL Paprikapulver rosenscharf
1/2 l heiße Gemüsebrühe
100 g kleine Champignons
150 g Naturjoghurt (3,5 % Fett)
1 EL Zitronensaft

Nährwerte pro Portion: 510 kcal, 17 g EW, 19 g F, 59 g KH, 11 g BST, 220 mg Ca, 47 mg Purin

+ Zwiebel und Knoblauch schälen und separat in feine Würfel schneiden. Die Paprikaschoten längs halbieren, entkernen, waschen und in etwa 1/2 cm große Würfel schneiden. Die Zucchini putzen, waschen und ebenfalls in kleine Würfel schneiden. Den Sellerie putzen, waschen und in dünne Scheiben schneiden. Den Thymian waschen, trocken schütteln und die Blätter abzupfen.

+ In einem großen Topf 1 EL Öl erhitzen und Zwiebel, Paprika, Zucchini und Sellerie darin bei mittlerer Hitze 2 bis 3 Minuten andünsten. Zartweizen, Knoblauch und Thymian dazugeben und unter Rühren kurz mitdünsten. Den Wein dazugießen und bei starker Hitze einkochen lassen. Alles mit Salz, Pfeffer und Paprikapulver würzen und nach und nach mit der heißen Brühe aufgießen. Dann offen bei mittlerer Hitze so lange köcheln lassen, bis der Weizen gar ist, dabei ab und zu umrühren. Das dauert etwa 15 Minuten.

+ Inzwischen die Champignons putzen, falls nötig, trocken abreiben und in dünne Scheiben schneiden. Das übrige Öl in einer Pfanne erhitzen und die Pilze darin bei starker Hitze 3 bis 4 Minuten anbraten, mit Salz und Pfeffer würzen. Den Joghurt mit dem Zitronensaft verrühren und mit Salz und Pfeffer würzen. Das Risotto auf Tellern verteilen und mit den Pilzen bestreuen, den Zitronenjoghurt dazu reichen.

Die Ernährungs-Docs

Zartweizen ist eine ideale Zutat, wenn es schnell gehen muss. Denn der „parboiled" Hartweizen ist in 15 Minuten gar. Das einzige Manko: Beim Vorgaren und Schälen der Körner geht ein Teil der Ballaststoffe und Mineralstoffe verloren. Wer auf vollen Wert setzt und mehr Zeit zum Kochen hat, kann alternativ über Nacht eingeweichte Weizen- oder Dinkelkörner nehmen und diese gut abgetropft im Risotto etwa 30 Minuten garen.

Minestrone mit Quinoa und Rucola

Arthrose | Gicht | Rheuma

Für 2 Personen
Zubereitungszeit: 35 Minuten

1 Zwiebel
1 Knoblauchzehe
200 g Blumenkohl
2 Möhren
100 g Staudensellerie
150 g Zucchini
2 Oreganozweige
2 EL nicht natives Olivenöl
Salz, Pfeffer aus der Mühle
600 ml Gemüsebrühe
60 g Quinoa
1 Tomate
30 g Rucola

Nährwerte pro Portion: 350 kcal, 9 g EW, 18 g F, 31 g KH, 10 g BST, 139 mg Ca, 42 mg Purin

+ Zwiebel und Knoblauch schälen und separat in feine Würfel schneiden. Den Blumenkohl putzen, waschen und in Röschen zerteilen. Die Möhren putzen und schälen, Sellerie und Zucchini putzen und waschen. Möhren und Sellerie in dünne Scheiben schneiden, Zucchini längs halbieren und ebenfalls in Scheiben schneiden. Den Oregano waschen, trocken schütteln, die Blätter abzupfen und fein hacken.

+ Das Öl in einem Topf erhitzen und die Zwiebel darin andünsten. Blumenkohl, Möhren, Sellerie und Knoblauch dazugeben und bei mittlerer Hitze etwa 2 Minuten mitdünsten. Mit Salz und Pfeffer würzen, die Brühe dazugießen und den Oregano hinzufügen. Die Quinoa in einem Sieb kalt waschen, abtropfen lassen und zum Gemüse in die Brühe geben. Alles langsam aufkochen und mit geschlossenem Deckel bei schwacher Hitze etwa 15 Minuten garen. Dabei nach etwa 5 Minuten Garzeit die Zucchini dazugeben.

+ Inzwischen die Tomate waschen und in kleine Würfel schneiden, dabei den Stielansatz entfernen. Rucola verlesen, waschen und trocken schütteln, grobe Stiele entfernen, die Blätter grob schneiden. Tomate und Rucola zur Minestrone geben und etwa 2 Minuten darin ziehen lassen. Mit Salz und Pfeffer abgeschmeckt servieren. Dazu passt je 1 (veganes) Vollkorn- oder Chiabrötchen (siehe Seite 76).

Die Ernährungs-Docs

Die vegane Suppe ist kalorienarm und strotzt vor Vitaminen und Mineralstoffen. Mit Quinoa als Einlage wird sie auf leichte Art gehaltvoller. Die Körner enthalten viel Pflanzeneiweiß, langkettige Kohlenhydrate und Ballaststoffe. All dies macht das Pseudogetreide zu einer gesunden Alternative zu weißem Reis oder Nudeln.

Nd

Wintergemüseeintopf mit Graupen

Arthrose | Gicht | Rheuma

Für 2 Personen
Zubereitungszeit: 30 Minuten

1 Zwiebel
1 Möhre
1 Petersilienwurzel
60 g Graupen
(Rollgerste oder Perlgraupen)
200 g Rosenkohl
2 EL nicht natives Olivenöl
1 TL Tomatenmark
200 g stückige Tomaten
(aus der Dose)
300 ml Gemüsebrühe
2 Majoranzweige
100 g weiße Bohnen
(aus der Dose)
Salz, Pfeffer aus der Mühle

Nährwerte pro Portion: 350 kcal, 12 g EW, 14 g F, 38 g KH, 11 g BST, 110 mg Ca, 48 mg Purin

+ Die Zwiebel schälen und in feine Würfel schneiden. Möhre und Petersilienwurzel putzen, schälen und in etwa 1 cm große Würfel schneiden. Die Graupen in einem Sieb abbrausen und abtropfen lassen. Den Rosenkohl putzen und die äußeren Blätter entfernen. Den Rosenkohl waschen und halbieren.

+ Das Öl in einem Topf erhitzen und die Zwiebel darin bei mittlerer Hitze andünsten. Möhre und Petersilienwurzel dazugeben und 2 bis 3 Minuten andünsten. Graupen hinzufügen und kurz mitdünsten. Tomatenmark, Tomatenstücke, Brühe und Rosenkohl dazugeben, alles aufkochen, den Schaum abschöpfen. Mit geschlossenem Deckel bei schwacher Hitze 15 bis 20 Minuten köcheln lassen.

+ Inzwischen den Majoran waschen, trocken schütteln, die Blätter abzupfen und fein hacken. Zwei Drittel des Majorans kurz vor Ende der Garzeit zur Suppe geben. Die Bohnen in einem Sieb abbrausen und abtropfen lassen, dann ebenfalls im Eintopf kurz erwärmen. Den Gemüseeintopf mit Salz und Pfeffer abschmecken und mit dem übrigen Majoran bestreut servieren.

Die Ernährungs-Docs

Der bunte Eintopf ist in der kalten Jahreszeit als sättigende und leicht verdauliche Mahlzeit ideal. Graupen sind geschälte und polierte Gerstenkörner, das heißt ernährungsphysiologisch nicht so wertvoll wie das ganze Korn. Denn beim Schälen wurde ein Teil der nährstoffreichen Randschichten entfernt. Dennoch liefern Graupen Eisen, Zink und Mangan, wirken antioxidativ und entzündungshemmend – vor allem, wenn sie wie hier mit jeder Menge frischem Gemüse kombiniert sind. Achtung: Bei Gicht Bohnen maßvoll essen!

Ofengemüse mit Kichererbsenpüree

Arthrose | Gicht | Rheuma

Für 2 Personen
Zubereitungszeit: 45 Minuten
Garen: 35 Minuten

4 EL nicht natives Olivenöl
1 1/2 EL Zitronensaft
Salz, Pfeffer aus der Mühle
4 Thymianzweige
250 g Hokkaido-Kürbis
200 g Möhren
200 g kleine Pastinaken
200 g Rote Beten
1 Dose Kichererbsen
(240 g Abtropfgewicht)
1 Schalotte
1 Knoblauchzehe
5 EL Gemüsebrühe
1 TL Harissa (orientalische Würzpaste; ersatzweise Chilisauce oder Sambal Oelek)

Nährwerte pro Portion: 380 kcal, 7 g EW, 22 g F, 32 g KH, 12 g BST, 121 mg Ca, 39 mg Purin

+ Den Backofen auf 220 °C vorheizen. Ein Backblech mit Backpapier belegen. 3 EL Öl mit 1 EL Zitronensaft, Salz und Pfeffer verrühren. Thymian waschen, trocken schütteln, Blätter abzupfen, grob hacken und untermischen. Kürbis waschen, die Kerne mit einem Löffel entfernen und den Kürbis in etwa 1 cm dicke Spalten schneiden. Möhren, Pastinaken und Rote Beten putzen und schälen. Möhren und Pastinaken erst quer halbieren und dann längs halbieren oder vierteln. Rote Beten halbieren und in etwa 1 cm dicke Scheiben schneiden. Nach Belieben 1 frische Knoblauchknolle halbieren.

+ Kürbis, Möhren und Pastinaken mit der Marinade mischen, die Roten Beten nur kurz untermischen. Das marinierte Gemüse (nach Belieben mit dem Knoblauch) auf dem Blech verteilen und im Ofen auf der zweiten Schiene von unten etwa 35 Minuten garen.

+ Inzwischen Kichererbsen in einem Sieb abbrausen und abtropfen lassen. Schalotte und Knoblauch schälen, fein würfeln, in einem Topf im übrigen Öl bei mittlerer Hitze andünsten. Kichererbsen, Brühe und Harissa dazugeben, alles aufkochen und mit geschlossenem Deckel bei schwacher Hitze 10 Minuten dünsten. Vom Herd nehmen und mit dem Stabmixer fein pürieren. Mit Salz, Pfeffer und übrigem Zitronensaft abschmecken. Das Gemüse mit Kichererbsenpüree anrichten.

Die Ernährungs-Docs

Wurzelgemüse galt lange als Arme-Leute-Essen. Zu Unrecht! In den Knollen speichern die Pflanzen wichtige Nährstoffe. Sie übertrumpfen so manches Blattgemüse in puncto Mineral- und Ballaststoffe. Besonders die Pastinake ist reich an Inulin, einem wasserlöslichen Ballaststoff, der als Präbiotikum unsere Darmflora fördert.

Brokkoli-Reis-Gratin all'italiana

Arthrose | Gicht | Rheuma

Für 2 Personen
Zubereitungszeit: 20 Minuten
Garen: 10 Minuten

125 g 10-Minuten-Naturreis
Salz
300 g Brokkoliröschen
200 g passierte Tomaten (aus der Dose)
Pfeffer aus der Mühle
1 TL getrocknete italienische Kräuter
1 TL Paprikapulver edelsüß
100 g Cocktailtomaten
125 g Mini-Mozzarellakugeln light (8,5 % Fett)
2 EL Pinienkerne
einige Basilikumblätter
nicht natives Olivenöl für die Form

Nährwerte pro Portion: 320 kcal, 18 g EW, 15 g F, 26 g KH, 6 g BST, 145 mg Ca, 45 mg Purin

+ Den Reis in reichlich Salzwasser nach Packungsanweisung garen. Inzwischen die Brokkoliröschen putzen, waschen und in kleinere Stücke teilen. Brokkoli etwa 5 Minuten vor Ende der Garzeit zum Reis in den Topf geben, alles nochmals aufkochen, den Brokkoli mitgaren.

+ Inzwischen den Backofen auf 220 °C vorheizen. Eine Auflaufform (ca. 20 x 30 cm) mit Öl einfetten. Reis und Brokkoli in ein Sieb abgießen und gut abtropfen lassen. Die passierten Tomaten mit Salz, Pfeffer, italienischen Kräutern und Paprikapulver würzen. Mit dem Brokkoli-Reis-Mix mischen und in der Auflaufform verteilen.

+ Die Cocktailtomaten waschen und halbieren. Die Mozzarellakugeln ebenfalls halbieren. Tomaten und Mozzarella mischen und auf dem Brokkoli-Reis-Mix verteilen, dann mit den Pinienkernen bestreuen. Das Gratin im Ofen auf der mittleren Schiene etwa 10 Minuten überbacken. Zum Servieren mit den Basilikumblättern bestreuen.

Tipp: Das Gratin schmeckt auch mit Vollkornnudeln, zum Beispiel Penne. Ebenfalls in Salzwasser nach Packungsanweisung mit dem Brokkoli bissfest garen und wie beschrieben als Gratin zubereiten.

Die Ernährungs-Docs

Als Arznei aus der Küche ist Brokkoli schon lange kein Geheimtipp mehr. Für eine entzündungshemmende Ernährung ist er von unschätzbarem Wert. Denn das grüne Kohlgemüse steckt voller Vitamin C und sekundärer Pflanzenstoffe (Flavonoide und Carotinoide). Die helfen, oxidativen Stress im Körper zu reduzieren und chronische Entzündungen zu bekämpfen. Gesundes Plus für die Knochen: Brokkoli ist besonders kalziumreich, allerdings gehört er leider zu den eher purinreichen Gemüsen.

Parmesanschnitzel mit Kohlrabi

Arthrose | Gicht | Rheuma

Für 2 Personen
Zubereitungszeit: 35 Minuten

500 g Kohlrabis
1 Schalotte
4 EL nicht natives Olivenöl
Salz, Pfeffer aus der Mühle
2 TL Mehl
150 ml Gemüsebrühe
100 ml Milch (1,5 % Fett)
3 EL Mandelmehl
2 Eier (Größe M)
50 g geriebener Parmesan
2 dünne Kalbsschnitzel
(à ca. 100 g)
1/2 Bund Petersilie
2 TL Zitronensaft

Nährwerte pro Portion: 650 kcal, 47 g EW, 45 g F, 14 g KH, 4 g BST, 518 mg Ca, 70 mg Purin

+ Die Kohlrabis halbieren, putzen, schälen und in etwa 1 1/2 cm dicke Spalten schneiden, dabei die zarten Blätter beiseitelegen. Die Schalotte schälen und in feine Würfel schneiden.

+ In einem Topf 1 EL Öl erhitzen und Kohlrabispalten und Schalotte darin bei mittlerer Hitze 2 bis 3 Minuten andünsten. Mit Salz und Pfeffer würzen. Das Mehl darüberstreuen und kurz andünsten. Brühe und Milch hinzufügen, alles aufkochen und mit geschlossenem Deckel bei mittlerer Hitze etwa 10 Minuten garen.

+ Inzwischen das Mandelmehl in einen tiefen Teller geben. Die Eier mit dem Käse in einem tiefen Teller verquirlen. Die Schnitzel trocken tupfen und flach klopfen, mit Salz und Pfeffer würzen.

+ Das übrige Öl in einer großen Pfanne erhitzen. Die Schnitzel zunächst im Mandelmehl wenden, dann durch die verquirlten Eier ziehen und im Öl bei mittlerer Hitze auf jeder Seite 3 bis 4 Minuten goldgelb braten. Die Schnitzel aus der Pfanne nehmen und auf Küchenpapier abtropfen lassen.

+ Die Petersilie waschen, trocken schütteln, die Blätter abzupfen und mit den beiseitegelegten Kohlrabiblättern in dünne Streifen schneiden. Zum Kohlrabigemüse geben und kurz erhitzen, mit Salz, Pfeffer und Zitronensaft abschmecken. Die Schnitzel dazu servieren.

Die Ernährungs-Docs

Kohlrabi ist so gesund, wie er schmeckt. Neben Vitamin C enthält er viel zellschützendes Beta-Carotin, außerdem immunstärkendes Selen und reichlich Mineralstoffe. Der Vitalstoffgehalt in den Blättern ist zwei- bis dreimal so hoch wie in den Knollen. Es lohnt sich also, die frischen Blätter mit zu verwenden.

Grüne Gemüse-Hähnchen-Pfanne

Arthrose | Rheuma

Für 2 Personen
Zubereitungszeit: 30 Minuten

300 g Brokkoli
100 g Zuckerschoten
Salz
100 g tiefgekühlte Erbsen
½ reife Avocado
1 EL Zitronensaft
½ Bund gemischte Kräuter (z. B. Basilikum, Kerbel, Petersilie)
100 g saure Sahne (10 % Fett)
1 TL Speisestärke
Pfeffer aus der Mühle
200 g Hähnchenbrustfilet
2 EL nicht natives helles Sesamöl

Nährwerte pro Portion: 460 kcal, 34 g EW, 26 g F, 17 g KH, 9 g BST, 155 mg Ca, 113 mg Purin

+ Den Brokkoli putzen, waschen und in Röschen zerteilen, die Stiele schälen und in kleine Würfel schneiden. Die Zuckerschoten putzen, waschen und nach Belieben diagonal halbieren. Den Brokkoli in kochendem Salzwasser etwa 3 Minuten blanchieren. Nach etwa 2 Minuten Garzeit Zuckerschoten und tiefgekühlte Erbsen dazugeben und mitgaren. 50 ml Kochwasser abschöpfen und beiseitestellen. Dann das Gemüse in ein Sieb abgießen, eiskalt abschrecken und gut abtropfen lassen.

+ Inzwischen den Stein aus der Avocado entfernen, die Avocado schälen und in etwa 1 cm große Würfel schneiden, sofort mit dem Zitronensaft beträufeln. Die Kräuter waschen, trocken schütteln, die Blätter abzupfen und einige zum Garnieren beiseitelegen. Die übrigen Kräuter mit dem beiseitegestellten Gemüsekochwasser, saurer Sahne und Speisestärke in einem hohen Rührbecher mit dem Stabmixer fein pürieren. Mit Salz und Pfeffer würzen.

+ Das Hähnchenfilet waschen, trocken tupfen und in dünne Streifen schneiden, ebenfalls mit Salz und Pfeffer würzen. In einer großen Pfanne das Öl erhitzen und das Hähnchenfilet darin bei starker Hitze etwa 4 Minuten unter Wenden rundum andünsten. Das Gemüse dazugeben und etwa 2 Minuten mitdünsten. Die Kräutercreme unterrühren, alles aufkochen und bei schwacher Hitze etwa 2 Minuten köcheln lassen. Dann die Pfanne vom Herd nehmen, die Avocado dazugeben und alles mit Salz und Pfeffer abschmecken. Mit den übrigen Kräutern bestreut servieren. Dazu schmeckt Reis oder Bulgur.

Die Ernährungs-Docs

Grünes Gemüse und Kräuter stecken voller Chlorophyll – das gibt dem Körper viel Kraft und Energie, wirkt blutbildend, fördert die Durchblutung und unterstützt Stoffwechsel und Körperzellen.

Asia-Gemüse-Wok mit Rindfleisch

Arthrose | Gicht | Rheuma

Für 2 Personen
Zubereitungszeit: 30 Minuten

200 g Rinderhüftsteak
1 gelbe Paprikaschote
200 g Shiitake-Pilze
1 kleine Stange Lauch
1 kleine rote Chilischote
200 g Chinakohl
2 EL nicht natives helles Sesamöl
150 ml Gemüsebrühe
4 EL Teriyaki-Sauce
1 TL Speisestärke
Salz, Pfeffer aus der Mühle
1–2 TL Limettensaft

Nährwerte pro Portion: 340 kcal, 25 g EW, 17 g F, 22 g KH, 6 g BST, 91 mg Ca, 80 mg Purin

+ Das Fleisch in dünne Streifen schneiden. Die Paprikaschote längs halbieren, entkernen, waschen und in dünne Streifen schneiden. Die Pilze putzen, die Stiele entfernen, die Hüte trocken abreiben und je nach Größe ganz lassen oder halbieren. Lauch putzen, waschen und schräg in dünne Scheiben schneiden. Chili längs halbieren, entkernen, waschen und in dünne Ringe schneiden. Chinakohl putzen, waschen, halbieren und quer in etwa 1 cm breite Streifen schneiden.

+ Das Öl im Wok oder in einer großen Pfanne erhitzen und das Fleisch darin bei starker Hitze etwa 2 Minuten unter Wenden kräftig anbraten. Das Fleisch herausnehmen und beiseitestellen. Dann Paprika, Pilze, Lauch und Chili in der Pfanne im verbliebenen Fett bei starker Hitze 2 bis 3 Minuten anbraten. Das Fleisch wieder dazugeben, Brühe und Teriyaki-Sauce dazugießen und alles bei schwacher Hitze etwa 2 Minuten köcheln lassen. Dann den Chinakohl hinzufügen und noch etwa 1 Minute mitgaren.

+ Die Speisestärke mit 3 EL Wasser glatt rühren, zum Gemüse geben und alles aufkochen. Das Gemüse mit Salz, Pfeffer und Limettensaft abgeschmeckt servieren. Dazu passt Vollkornreis.

Tipp: Wer mag, kann noch 30 g Glasnudeln untermischen. Dazu die Nudeln mit kochendem Wasser übergießen, etwa 10 Minuten einweichen, dann abtropfen lassen und mit einer Schere grob zerschneiden.

Die Ernährungs-Docs

Essen Sie möglichst bunt! Das ist gesund. Denn Gemüse liefert uns wichtige Vitamine, Mineralstoffe und Spurenelemente. Auch Chili wirkt durch seine ätherischen Öle und Scharfstoffe wie eine Medizin, zum Beispiel gegen Arthrose. Verwenden Sie zum scharfen Anbraten in jedem Fall ein hitzestabiles Öl (siehe Seite 37).

Pichelsteiner Eintopf mit Pute

Arthrose | Gicht | Rheuma

Für 2 Personen
Zubereitungszeit: 55 Minuten

200 g Putenbrustfilet
1 Zwiebel
200 g kleine festkochende Kartoffeln
150 g Möhren
1 mittelgroße Stange Lauch
250 g Wirsing
6 Thymianzweige
2 EL nicht natives Olivenöl
Salz, Pfeffer aus der Mühle
1/2 l Gemüsebrühe
1 TL ganzer Kümmel
1/2 Bund Petersilie

Nährwerte pro Portion: 420 kcal, 32 g EW, 17 g F, 29 g KH, 9 g BST, 196 mg Ca, 83 mg Purin

+ Das Fleisch waschen, trocken tupfen und in etwa 2 cm große Würfel schneiden. Die Zwiebel schälen, halbieren und in feine Streifen schneiden. Kartoffeln und Möhren schälen, waschen und in etwa 3 mm dünne Scheiben schneiden. Den Lauch putzen, waschen und in etwa 1 cm breite Scheiben schneiden. Den Wirsing putzen, waschen und den Strunk entfernen, die Blätter in Streifen schneiden. Thymian waschen, trocken schütteln und die Blätter abzupfen.

+ Fleisch und Zwiebel in einem Topf im Öl bei mittlerer bis starker Hitze 4 bis 5 Minuten anbraten. Kräftig mit Salz und Pfeffer würzen und die Hälfte der Fleischmischung wieder aus dem Topf nehmen.

+ Kartoffeln, Möhren, Lauch, Wirsing und abgenommene Fleisch-Zwiebel-Mischung lagenweise über das Fleisch im Topf schichten. Dabei jede Gemüseschicht mit Salz, Pfeffer und etwas Thymian würzen. Inzwischen die Brühe mit dem Kümmel in einem Topf aufkochen, dann über die Gemüse-Fleisch-Mischung gießen. Alles mit geschlossenem Deckel aufkochen und anschließend bei schwacher Hitze etwa 20 Minuten garen, dabei zwischendurch nicht umrühren.

+ Währenddessen die Petersilie waschen, trocken schütteln, die Blätter abzupfen und fein hacken. Zum Servieren den Eintopf umrühren, mit Salz und Pfeffer abschmecken und mit Petersilie bestreuen.

Die Ernährungs-Docs

Noch was übrig vom grünen Kohl? Prima: Die Blätter können als Grundlage eines Wickels dienen, um Gelenkschmerzen zu lindern (siehe Seite 27). Dazu die harten Mittelrippen herausschneiden, dann die Blätter mit einer Flasche oder dem Nudelholz so lange walzen, bis Saft austritt, und mit einem sauberen Tuch auf dem Gelenk fixieren. Bis zu 2 Stunden einwirken lassen.

Rindergulasch Szegediner Art

Arthrose | Gicht | Rheuma

Für 2 Personen
Zubereitungszeit: 1 Stunde

200 g Rinderlende
1 Zwiebel
je 1 rote und gelbe Paprikaschote
1 Knoblauchzehe
2 EL nicht natives Olivenöl
Salz, Pfeffer aus der Mühle
1 EL Tomatenmark
1/2 EL Paprikapulver edelsüß
1 TL Paprikapulver rosenscharf
1/2 TL ganzer Kümmel
150 ml Gemüsebrühe
400 g rohes Sauerkraut
1/2 Bund Petersilie
abgeriebene Schale von 1/2 Bio-Zitrone
2 EL saure Sahne

Nährwerte pro Portion: 380 kcal, 28 g EW, 22 g F, 12 g KH, 10 g BST, 184 mg Ca, 64 mg Purin

+ Das Fleisch bei Bedarf von Haut und Sehnen befreien und in etwa 2 cm große Würfel schneiden. Die Zwiebel schälen, halbieren und in dünne Scheiben schneiden. Die Paprikaschoten längs halbieren, entkernen, waschen und in etwa 2 cm große Stücke schneiden. Den Knoblauch schälen und in feine Würfel schneiden.

+ Das Öl in einem großen Topf erhitzen und das Fleisch darin etwa 5 Minuten rundum anbraten. Mit Salz und Pfeffer würzen, aus dem Topf nehmen und beiseitestellen. Zwiebel und Paprika im Topf im verbliebenen Fett 2 bis 3 Minuten andünsten. Knoblauch und Tomatenmark dazugeben und kurz mitdünsten. Alles mit beiden Paprikapulversorten und Kümmel würzen. Die Brühe dazugießen und das Fleisch wieder hinzufügen. Das Sauerkraut zerpflücken und ebenfalls dazugeben. Alles aufkochen und mit geschlossenem Deckel bei mittlerer Hitze etwa 30 Minuten köcheln lassen.

+ Inzwischen die Petersilie waschen, trocken schütteln, die Blätter abzupfen und fein hacken, mit der Zitronenschale mischen. Das Gulasch mit Salz und Pfeffer abschmecken und mit dem Petersilienmix und je 1 EL saurer Sahne garniert auf Tellern anrichten. Dazu passt herzhaftes Bauernbrot (siehe Seite 72).

Die Ernährungs-Docs

Fermentierte Lebensmittel wie rohes Sauerkraut bringen nicht nur die Verdauung auf Trab und die Darmflora in die Balance. Sie schützen auch vor Entzündungen, indem sie das Immunsystem mit nützlichen Bakterienkulturen gegen Infektionen stärken. Fermentierte Milchprodukte wie Kefir sollten jedoch mit Vorsicht genossen werden, weil sie den Organismus übersäuern können – das würde wiederum Entzündungen begünstigen.

Hirschmedaillons mit Artischocken

Arthrose | Gicht | Rheuma

Für 2 Personen
Zubereitungszeit: 35 Minuten
Garen: 10 Minuten

200 g grüne Bohnen
Salz
150 g Artischockenherzen (aus der Dose)
125 g Pfifferlinge
1 kleine rote Zwiebel
1 kleine Knoblauchzehe
2 Hirschrückenmedaillons (à ca. 100 g)
Pfeffer aus der Mühle
2 EL nicht natives Olivenöl
1 TL Butter
6 EL Gemüsebrühe
1 EL gehackte Petersilie
1–2 TL Zitronensaft

Nährwerte pro Portion: 310 kcal, 27 g EW, 17 g F, 8 g KH, 12 g BST, 123 mg Ca, 73 mg Purin

+ Den Backofen auf 180 °C vorheizen. Die grünen Bohnen putzen, waschen, halbieren und in kochendem Salzwasser etwa 5 Minuten garen. Dann in ein Sieb abgießen und gut abtropfen lassen. Die Artischocken in ein Sieb abgießen und abtropfen lassen, je nach Größe halbieren oder vierteln. Die Pfifferlinge putzen, falls nötig, trocken abreiben und größere Exemplare klein schneiden. Zwiebel und Knoblauch schälen und in feine Würfel schneiden.

+ Das Fleisch trocken tupfen, quer halbieren und mit Salz und Pfeffer würzen. In einer Pfanne 1 EL Öl und die Butter erhitzen und das Fleisch darin auf jeder Seite 1 bis 2 Minuten kräftig anbraten. Herausnehmen, in eine Gratinform legen und im Ofen auf der zweiten Schiene von unten etwa 10 Minuten garen. Herausnehmen, warm halten.

+ Inzwischen das übrige Öl in einer großen Pfanne erhitzen und die Pilze darin bei starker Hitze 3 bis 4 Minuten anbraten. Zwiebel, Knoblauch und Bohnen 2 Minuten mitbraten. Die Brühe dazugießen, die Petersilie hinzufügen und alles offen bei mittlerer Hitze noch 2 bis 3 Minuten einkochen lassen.

+ Zuletzt die Artischocken unter das Gemüse mischen und darin 2 bis 3 Minuten erwärmen, mit Salz, Pfeffer und Zitronensaft abschmecken. Gemüse und Hirschmedaillons auf Tellern anrichten.

Die Ernährungs-Docs

Das Fleisch von Hirsch, Reh, Hase oder Wildschwein ist eine gute Alternative zu Fleisch aus Massentierhaltung. Denn je mehr sich die Tiere in Freiheit bewegen konnten, desto mehr entzündungshemmende Omega-3-Fettsäuren wurden im Fleisch gespeichert. Zudem gehört Wildbret zu den eiweißreichsten Fleischarten und ist meist fettärmer als das Fleisch von Rind oder Schwein.

Gebratener Hering mit Kartoffel-Lauch-Gemüse

Arthrose | Gicht | Rheuma

Für 2 Personen
Zubereitungszeit: 30 Minuten

1 TL Kapern
150 g Naturjoghurt (1,5 % Fett)
½ TL körniger Senf
Salz, Pfeffer aus der Mühle
2 frische Heringe (ca. 250 g; küchenfertig, ohne Kopf)
2 EL Zitronensaft
300 g gegarte, festkochende Pellkartoffeln (vom Vortag)
1 dünne Stange Lauch (ca. 200 g)
100 g bunte Cocktailtomaten
3 Petersilienstiele
2 EL nicht natives Olivenöl
1 EL Mehl

Nährwerte pro Portion: 460 kcal, 22 g EW, 25 g F, 33 g KH, 4 g BST, 172 mg Ca, 78 mg Purin

+ Die Kapern grob hacken und mit Joghurt und Senf glatt rühren. Die Joghurtsauce mit Salz und Pfeffer abschmecken und beiseitestellen.

+ Die Heringe innen und außen waschen und trocken tupfen, mit Zitronensaft beträufeln und leicht mit Salz und Pfeffer würzen. Die Kartoffeln pellen und in etwa 2 cm große Würfel schneiden. Den Lauch putzen, waschen, längs halbieren und quer in etwa ½ cm dünne Streifen schneiden. Die Tomaten waschen und halbieren. Petersilie waschen, trocken schütteln, die Blätter abzupfen und fein hacken.

+ In einer beschichteten Pfanne 1 EL Öl erhitzen und die Kartoffeln darin bei starker bis mittlerer Hitze 3 bis 4 Minuten braten. Den Lauch hinzufügen, mit Salz und Pfeffer würzen und unter Wenden 2 bis 3 Minuten mitbraten. Gleichzeitig in einer zweiten Pfanne das übrige Öl erhitzen. Die Heringe im Mehl wenden und in der Pfanne bei starker Hitze 4 bis 5 Minuten anbraten. Die Hitze reduzieren, die Heringe wenden und noch 2 bis 3 Minuten garen.

+ Inzwischen die Tomaten zum Gemüse geben und vorsichtig untermischen, mit der Petersilie bestreuen. Die Fische mit dem Kartoffel-Lauch-Gemüse anrichten und mit der Joghurtsauce beträufeln.

Die Ernährungs-Docs

Wer ein- bis zweimal pro Woche Hering isst, kann damit Gelenkschmerzen vorbeugen. Denn der Fettfisch liefert hochwertige und gut verfügbare Omega-3-Fettsäuren, die entzündungshemmend wirken. Wichtig ist, dass „grüner", also nicht konservierter, frischer Hering auf den Tisch kommt, eingelegte Heringe sind sehr salzig. Wichtig: Bei Gicht kommen nur Heringsfilets ohne Haut infrage.

Knusperfisch auf Gurkengemüse

Arthrose | Gicht | Rheuma

Für 2 Personen
Zubereitungszeit: 30 Minuten

1 Zwiebel
1 Salatgurke (ca. 500 g)
½ Bund Dill
3 EL nicht natives Olivenöl
2 TL Butter
150 ml Gemüsebrühe
Salz, Pfeffer aus der Mühle
½ TL mildes Currypulver
200 g weißes Heilbuttfilet
1 ½ EL Dinkelmehl (Type 1050)
1 Ei (Größe L)
25 g Polenta (Maisgrieß)
25 g gemahlene Mandeln
25 g Vollkornpaniermehl

Nährwerte pro Portion: 530 kcal, 31 g EW, 35 g F, 20 g KH, 5 g BST, 99 mg Ca, 73 mg Purin

+ Die Zwiebel schälen und in feine Würfel schneiden. Die Gurke waschen, längs halbieren und die Kerne mit einem Teelöffel entfernen. Die Hälften quer in etwa ½ cm dicke Scheiben schneiden. Dill waschen, trocken schütteln, die Spitzen abzupfen und grob hacken.

+ Die Zwiebel in einem großen Topf in 1 EL Öl und der Butter bei mittlerer Hitze andünsten. Die Gurke dazugeben und kurz mitdünsten. Brühe dazugießen, alles mit Salz, Pfeffer und Currypulver würzen. Bei schwacher Hitze 2 bis 3 Minuten dünsten, dann warm halten.

+ Das Fischfilet waschen, trocken tupfen und in 4 Stücke schneiden. Das Mehl auf einen Teller geben. Das Ei in einem tiefen Teller verquirlen, mit Salz und Pfeffer würzen. Polenta, Mandeln und Paniermehl in einem weiteren tiefen Teller mischen. Fischstücke mit Salz und Pfeffer würzen und zunächst im Mehl wenden, dann durch das verquirlte Ei ziehen und zuletzt im Bröselmix panieren.

+ Das übrige Öl in einer großen beschichteten Pfanne erhitzen und die Fischstücke darin bei mittlerer Hitze auf jeder Seite 5 bis 6 Minuten goldbraun braten. Das Gemüse mit Dill bestreuen und mit dem Knusperfisch auf Tellern anrichten.

Die Ernährungs-Docs

Gurken werden als Gemüse oft unterschätzt, vor allem wegen ihres hohen Wasseranteils von 95 Prozent und ihres eher neutralen Geschmacks. Dabei liefern sie reichlich antioxidative Flavonoide, die zu den sekundären Pflanzenstoffen zählen und entzündliche Prozesse im Körper eindämmen können. Es lohnt sich also, Gurken häufig zu essen – am besten ungeschält, denn die wertvollen Nährstoffe stecken vor allem direkt unter der Schale.

Gegrillte Garnelenspieße mit scharfem Dip

Arthrose | Gicht | Rheuma

Für 2 Personen
Zubereitungszeit: 30 Minuten
Marinieren: 1 Stunde
Grillen: 8–10 Minuten

1 Rosmarinzweig
3 Thymianzweige
1 kleine Knoblauchzehe
½ TL abgeriebene Bio-Zitronenschale
4 EL nicht natives Olivenöl
Pfeffer aus der Mühle
8 rohe geschälte Garnelen (frisch oder tiefgekühlt; ca. 200 g)
2 kleine Zucchini (ca. 200 g)
12 bunte Cocktailtomaten (ca. 150 g)
2 EL Crème légère (15 % Fett)
2 EL Naturjoghurt (1,5 % Fett)
2 TL Chilisauce
2 EL Zitronensaft
Salz
8 Holz-Schaschlikspieße

Nährwerte pro Portion: 350 kcal, 22 g EW, 25 g F, 8 g KH, 2 g BST, 160 mg Ca, 63 mg Purin

+ Die Holzspieße in kaltem Wasser etwa 20 Minuten einweichen. Für die Marinade Rosmarin und Thymian waschen, trocken schütteln, die Nadeln bzw. Blätter abzupfen und fein hacken. Den Knoblauch schälen und in feine Würfel schneiden. Kräuter, Knoblauch und Zitronenschale mit dem Öl verrühren und mit Pfeffer würzen. Die Garnelen waschen und trocken tupfen (Tiefkühlware vorher auftauen lassen). Die Zucchini putzen, waschen, längs halbieren und in 12 etwa 1 ½ cm breite Scheiben schneiden. Die Tomaten waschen.

+ Garnelen, Zucchini und Tomaten abwechselnd auf die Holzspieße stecken. Die Spieße auf jeder Seite mit der Marinade bestreichen und in eine Auflaufform legen. Die restliche Marinade darüberträufeln und die Spieße abgedeckt im Kühlschrank etwa 1 Stunde marinieren.

+ Den Backofengrill vorheizen. Inzwischen für den Dip Crème légère mit Joghurt, Chilisauce, Zitronensaft, Salz und Pfeffer glatt rühren, kühl stellen. Die Spieße unter dem Grill auf der mittleren Schiene 8 bis 10 Minuten grillen (alternativ auf dem Gartengrill garen), dabei nach der Hälfte der Grillzeit wenden und mit der übrigen Marinade bestreichen. Mit Salz würzen und mit dem Dip servieren.

Die Ernährungs-Docs

Bei Verschleiß oder Entzündung der Gelenke ist es wichtig, viele Lebensmittel mit Omega-3-Fettsäuren zu essen. Sie verfügen über entzündungshemmende Eigenschaften. Neben fetten Fischsorten (z. B. Lachs, Makrele, Hering) sind Krustentiere wie Garnelen, Krebse und Krabben eine gute Quelle dafür. Bei Gicht Krustentiere nur maßvoll essen.

Kabeljau-Gemüse-Curry mit Reis

Arthrose | Gicht | Rheuma

Für 2 Personen
Zubereitungszeit: 30 Minuten

250 g Kabeljaufilet
1 Stück Ingwer (ca. 10 g)
1 Knoblauchzehe
100 g Möhren
1 rote Paprikaschote
200 g kleine Zucchini
3 Frühlingszwiebeln
125 g 10-Minuten-Naturreis
Salz
1 EL Kokosöl
2 TL rote Thai-Currypaste
(aus dem Asienregal; ersatzweise
2 TL scharfes Currypulver)
50 ml Gemüsebrühe
160 ml Kokosmilch (Dose)
1 EL Cashewkerne
Pfeffer aus der Mühle

Nährwerte pro Portion: 520 kcal, 30 g EW, 28 g F, 33 g KH, 6 g BST, 154 mg Ca, 72 mg Purin

+ Den Fisch waschen, trocken tupfen und in Stücke schneiden. Ingwer und Knoblauch schälen und fein würfeln. Möhren putzen, schälen und in dünne Scheiben schneiden. Paprika längs halbieren, entkernen, waschen und in 3 bis 4 cm große Stücke schneiden. Zucchini putzen, waschen, längs halbieren und quer in etwa ½ cm breite Scheiben schneiden. Frühlingszwiebeln putzen, waschen, weiße und hellgrüne Teile in dünne Ringe schneiden, grüne Teile entfernen.

+ Den Reis in reichlich Salzwasser nach Packungsanweisung weich garen. In ein Sieb abgießen und abtropfen lassen, warm halten.

+ Das Öl im Wok oder in einem Topf erhitzen und Ingwer und Knoblauch darin bei starker Hitze kurz anbraten. Möhren und Paprika dazugeben und bei mittlerer Hitze 3 Minuten mitbraten. Zucchini und Frühlingszwiebeln hinzufügen und 2 Minuten mitdünsten. Die Currypaste unterrühren und kurz anrösten. Brühe und Kokosmilch dazugießen und aufkochen. Fisch dazugeben und alles mit geschlossenem Deckel bei schwacher Hitze 3 bis 4 Minuten köcheln lassen.

+ Inzwischen die Cashewkerne hacken, unter den Reis mischen. Das Curry mit Salz und Pfeffer würzen und mit dem Reis servieren.

Tipp: Das Curry wird zum Blitzgericht, wenn Sie statt des Gemüses 400 g tiefgekühlte Asia-Gemüsemischung (ohne Gewürze) nehmen.

Die Ernährungs-Docs

Frischer Ingwer ergänzt das Curry perfekt. Dank ihres geschmacksgebenden ätherischen Öls Gingerol hilft die Wurzel gegen Schmerzen und Entzündungen.

Blitzrezepte für mittags und abends

Wenn die Zeit knapp ist oder der Magen knurrt, muss es beim Kochen flott gehen. Kurzgargetreide, Pasta, Tiefkühlgemüse, Schinken & Co. sind in der Blitzküche ideal, um daraus flink schmackhafte und antientzündliche Gerichte zu zaubern.

Mexiko-Bulgur mit Cheddar

+ Für 2 Personen: **1 Zwiebel** schälen, halbieren und in Streifen schneiden, in **1 EL nicht nativem Olivenöl** andünsten. **125 g Bulgur, 300 g TK-Mexiko-Gemüse, 200 g stückige Tomaten** (aus der Dose) und **125 ml Gemüsebrühe** dazugeben. Alles aufkochen und bei schwacher Hitze 15 Minuten garen. Mit **Salz, Pfeffer** und **Tabasco** würzen. **1 EL gehackte Petersilie** dazugeben, mit **60 g geraspeltem Cheddar-Käse** bestreut servieren.
Nährwerte pro Portion: 500 kcal, 20 g EW, 17 g F, 59 g KH, 13 g BST, 274 mg Ca, 37 mg Purin

Gemüse-Schinken-Pasta

+ Für 2 Personen: **200 g Penne** in **Salzwasser** bissfest garen, abgießen (Wasser aufheben!) und abtropfen lassen. **200 g Zucchini** waschen, grob raspeln. **100 g Cocktailtomaten** waschen und halbieren. **2 Schalotten** schälen, würfeln, mit Zucchini in **1 EL nicht nativem Olivenöl** andünsten. **125 g Crème légère** und 100 ml Nudelkochwasser dazugeben, 30 Sekunden garen. Tomaten, **50 g Hähnchenbrustaufschnittstreifen** und Nudeln unterrühren. Salzen und **pfeffern,** mit **Basilikum** bestreuen.
Nährwerte pro Portion: 540 kcal, 19 g EW, 15 g F, 77 g KH, 7 g BST, 90 mg Ca, 31 mg Purin

Pellkartoffeln mit Avocado und Lachs

+ Für 2 Personen: **400 g Drillinge** (Mini-Kartoffeln) waschen, mit Schale in Wasser 15 bis 20 Minuten garen. Fruchtfleisch von **1 Avocado** mit **1 EL Zitronensaft** beträufeln und zerdrücken. **200 g leichten Kräuterquark** (2,4 % Fett) unterrühren, **salzen und pfeffern.** Kartoffeln abgießen, ausdampfen lassen, pellen, mit Avocadoquark und **200 g Graved Lachs** anrichten.
Nährwerte pro Portion: 540 kcal, 37 g EW, 24 g F, 38 g KH, 7 g BST, 143 mg Ca, 13 mg Purin

Spitzkohl-Hack-Suppe

+ Für 2 Personen: **1 Zwiebel** schälen, in feine Würfel schneiden und in einem Topf in **1 EL Öl** andünsten. **125 g Rinderhackfleisch** dazugeben, bei starker Hitze krümelig anbraten. **250 g Spitzkohlstreifen** hinzufügen, 2 Minuten mitbraten. Mit **Salz, Pfeffer** und **1/4 TL Paprikapulver rosenscharf** würzen. **1/2 l Hühnerbrühe** dazugießen, alles mit geschlossenem Deckel aufkochen und bei schwacher Hitze etwa 5 Minuten garen. Zum Servieren **100 g Joghurtfrischkäse** (14 % Fett) einrühren.
Nährwerte pro Portion: 480 kcal, 38 g EW, 31 g F, 8 g KH, 5 g BST, 152 mg Ca, 79 mg Purin

Paprikahähnchen

+ Für 2 Personen: Ofen auf 200 °C vorheizen. **Je 1 rote** und **gelbe Paprika** putzen, waschen, in Streifen schneiden. **100 g Staudensellerie** waschen, in Scheiben schneiden. **1 Zwiebel** schälen, in Ringe schneiden. Gemüse mit **Salz, Pfeffer** und **2 TL Pesto** auf zwei Backpapierbögen mischen. **1 Hähnchenbrustfilet** (200 g) halbieren, mit **1 TL Paprikapulver,** Salz und Pfeffer einreiben, auf dem Papier mit **je 1 EL Olivenöl** beträufeln. Päckchen verschnüren und im Ofen (Mitte) etwa 25 Minuten garen.
Nährwerte pro Portion: 270 kcal, 27 g EW, 14 g F, 8 g KH, 5 g BST, 79 mg Ca, 75 mg Purin

SÜSSES

Feine Desserts und köstliche Kuchen sind immer eine Sünde wert. Vor allem, wenn sie reuelos glücklich machen, weil sie mit Milchprodukten wie Joghurt und Frischkäse und viel frischem Obst der Saison verführen. In Kombi mit wenig Honig und Zucker, dafür viel Nüssen und Vollkorn, sorgen die Naschereien für süße Abwechslung.

Kiwi-Erdbeer-Carpaccio mit Ricotta

Arthrose | Gicht | Rheuma

Für 2 Personen
Zubereitungszeit: 20 Minuten

2 EL Pinienkerne, 2 reife Kiwis
6–8 große Erdbeeren (ca. 200 g)
je 2 EL Orangen- und Limettensaft, 2 TL flüssiger Honig
100 Ricotta, einige Minzeblätter

Nährwerte pro Portion: 280 kcal, 9 g EW, 14 g F, 25 g KH, 6 g BST, 168 mg Ca, 14 mg Purin

+ Die Pinienkerne hacken und in einer Pfanne ohne Fett hell rösten. Herausnehmen und abkühlen lassen.

+ Die Kiwis schälen und quer in dünne Scheiben schneiden. Die Erdbeeren waschen und putzen, große Exemplare längs in dünne Scheiben schneiden, kleine halbieren oder vierteln. Kiwis und Erdbeeren auf großen Tellern dekorativ auslegen. Den Orangen- und Limettensaft mit dem Honig verrühren und über das Obst träufeln.

+ Vom Ricotta mit einem Teelöffel Flöckchen abstechen und auf die Obstteller setzen. Mit Pinienkernen bestreuen und mit Minzeblättern und nach Belieben Minzeblüten garniert servieren (im Bild oben).

Pfirsich-Melba-Quark

Arthrose | Gicht | Rheuma

Für 2 Personen
Zubereitungszeit: 20 Minuten
Kühlen: 1 Stunde

1 EL Mandeln, 200 g Magerquark
100 g Sahnejoghurt (10 % Fett)
2 TL Honig, 1/2 TL gem. Vanille
100 g Himbeeren, 2 Pfirsiche

Nährwerte pro Portion: 270 kcal, 16 g EW, 10 g F, 25 g KH, 5 g BST, 219 mg Ca, 12 mg Purin

+ Die Mandeln in einer kleinen Pfanne ohne Fett rösten. Quark mit Joghurt, Honig und Vanille verrühren und in Schalen füllen. Die Himbeeren verlesen, waschen und trocken tupfen. Die Pfirsiche nach Belieben häuten, andernfalls waschen, dann vierteln und entkernen.

+ Zwei Viertel der Pfirsiche in Würfel oder Spalten schneiden, den Rest in einem hohen Rührbecher mit dem Stabmixer fein pürieren. Die Pfirsichstücke unter das Püree heben.

+ Die Himbeeren auf dem Vanillequark verteilen und die Pfirsichmasse daraufgeben. Mandeln grob hacken und darüberstreuen. Vor dem Servieren 1 Stunde kühl stellen (im Bild unten).

Heidelbeersüppchen mit Mohndickmilch

Arthrose | Gicht | Rheuma

Für 2 Personen
Zubereitungszeit: 30 Minuten
Kühlen: 2 Stunden

250 g Heidelbeeren
(frisch oder tiefgekühlt)
100 ml Sauerkirschsaft
1 EL Honig
½ Vanilleschote
1 Schalenstreifen von
1 Bio-Zitrone
½ Zimtstange
2 TL Speisestärke
1 EL Zitronensaft
100 g Dickmilch (3,5 % Fett)
2 EL Milch (1,5 % Fett)
1 TL gemahlener Mohn

Nährwerte pro Portion: 170 kcal, 3 g EW, 4 g F, 25 g KH, 6 g BST, 164 mg Ca, 13 mg Purin

+ Die Heidelbeeren verlesen, waschen und trocken tupfen (Tiefkühlware vorher auftauen lassen). 100 g Heidelbeeren abgedeckt in den Kühlschrank stellen. Die übrigen Heidelbeeren mit dem Kirschsaft, 100 ml Wasser und Honig in einen Topf geben.

+ Die Vanilleschote längs aufschneiden und das Mark mit einem spitzen Messer herauskratzen. Vanilleschote und -mark mit Zitronenschale und Zimtstange zur Beerensuppe geben und alles aufkochen. Dann mit geschlossenem Deckel bei schwacher Hitze etwa 10 Minuten köcheln lassen. Die ganzen Gewürze wieder entfernen.

+ Die Fruchtmasse durch ein Sieb streichen und das Püree zurück in den Topf geben, die Reste entfernen. Speisestärke mit Zitronensaft und 3 EL Wasser glatt rühren und in die Heidelbeermischung mischen. Die Fruchtmasse nochmals kurz unter Rühren aufkochen, bis sie bindet. Dann in eine kalt ausgespülte Schüssel füllen, abkühlen lassen und abgedeckt etwa 2 Stunden in den Kühlschrank stellen.

+ Zum Servieren übrige Heidelbeeren in die Suppe geben und diese in Schalen oder tiefen Tellern anrichten. Die Dickmilch mit der Milch und dem Mohn glatt rühren, in kleinen Klecksen auf die Suppe setzen und mit einem Holzspieß leicht ineinanderziehen. Sofort servieren (alternativ heiß mit Papaya-Joghurt-Eis servieren, siehe Seite 168).

Die Ernährungs-Docs

Heidelbeeren sind potente Entzündungshemmer aus der Natur. Das liegt vor allem an ihren blauen Farbstoffen, den Anthocyanen. Diese sekundären Pflanzenstoffe bekämpfen freie Radikale und beugen so chronischen Krankheiten und Entzündungen vor.

Papaya-Joghurt-Eis

Arthrose | Gicht | Rheuma

Für 6 Personen
Zubereitungszeit: 15 Minuten
Gefrieren: 5 Stunden

500 g Papaya, 1/2 Bio-Limette
200 ml Kokosmilch (Dose)
150 g Naturjoghurt (1,5 % Fett)
1 EL Honig
1 EL Kokosraspel

Nährwerte pro Portion: 140 kcal, 2 g EW, 10 g F, 10 g KH, 2 g BST, 55 mg Ca, 26 mg Purin

+ Die Papaya halbieren und entkernen, die Hälften schälen und klein würfeln. Einige Würfel zum Garnieren abgedeckt kühl stellen. Limette heiß waschen, abtrocknen, die Schale fein abreiben und den Saft auspressen. Papaya mit Limettensaft und -schale, Kokosmilch, Joghurt und Honig in einem hohen Rührbecher mit dem Stabmixer so lange pürieren, bis eine cremige Masse entstanden ist.

+ Fruchtmasse in eine flache Schale füllen und im Tiefkühlfach etwa 5 Stunden gefrieren lassen, dabei immer wieder durchrühren, damit das Eis schön cremig wird. Zum Servieren vom Papayaeis Kugeln abstechen und in Schalen anrichten. Mit den kühl gestellten Papayawürfeln und den Kokosraspeln garnieren (im Bild oben).

Avocado-Schoko-Eis

Arthrose | Gicht | Rheuma

Für 4 Personen
Zubereitungszeit: 15 Minuten
Gefrieren: 5 Stunden

2 Avocados, 50 g Kakaopulver
100 ml ungesüßter Mandeldrink
50 g Sahne, 2 EL flüssiger Honig
1/2 TL gemahlene Vanille
1 EL Pistazienkerne

Nährwerte pro Portion: 190 kcal, 4 g EW, 12 g F, 9 g KH, 5 g BST, 92 mg Ca, 0 mg Purin

+ Die Avocados halbieren, jeweils den Stein entfernen, das Avocadofruchtfleisch (es soll ca. 300 g ergeben) schälen, grob schneiden und mit Kakaopulver und Mandeldrink im Mixer oder in einem hohen Rührbecher mit dem Stabmixer zu einer glatten Creme pürieren.

+ Die Sahne steif schlagen und mit Honig und Vanille unter die Avocadomasse heben. Die Fruchtmasse in eine flache Schale füllen und im Tiefkühlfach etwa 5 Stunden gefrieren lassen, dabei immer wieder durchrühren, damit das Eis schön cremig wird.

+ Zum Servieren vom Avocado-Schoko-Eis mehrere Kugeln abstechen und in Schalen anrichten. Die Pistazien hacken und darüberstreuen (im Bild unten).

I ♥ ICE CREAM

Schokoküchlein mit Granatapfelsauce

Arthrose | Gicht | Rheuma

Für 4 Personen
Zubereitungszeit: 20 Minuten
Backen: 20 Minuten

60 g gemahlene Mandeln
2 EL Dinkelmehl (Type 630)
15 g Kakaopulver (schwach entölt)
1 TL Backpulver
Salz
2 EL Rohrohrzucker
1 Vanilleschote
40 ml Rapsöl
1 Ei (Größe L)
100 ml Kokosmilch (Dose)
1 Granatapfel
2 EL Orangensaft
1 TL Speisestärke
Öl für die Förmchen
Puderzucker zum Bestäuben

Nährwerte pro Portion: 360 kcal, 8 g EW, 28 g F, 46 g KH, 4 g BST, 55 mg Ca, 6 mg Purin

+ Den Backofen auf 180 °C vorheizen. Vier kleine Auflaufförmchen (à ca. 125 ml Inhalt) gut einfetten. Mandeln, Mehl, Kakaopulver, Backpulver, 1 Prise Salz und 1 EL Zucker in einer Schüssel mischen.

+ Die Vanilleschote längs aufschneiden, das Mark herauskratzen und mit Öl, Ei und Kokosmilch mit den Quirlen des Handrührgeräts aufschlagen. Die Mandelmischung mit einem Kochlöffel unter die Kokosmasse rühren. Teig auf die Förmchen verteilen und im Ofen auf der mittleren Schiene etwa 20 Minuten backen. Herausnehmen, nach Belieben vorsichtig aus den Förmchen lösen und auf Teller stürzen.

+ Inzwischen den Granatapfel halbieren, eine Hälfte leicht andrücken und 2 EL Granatapfelkerne aus der Schale lösen, dabei von den weißen Häutchen befreien. Den Saft beider Hälften auf der Zitruspresse auspressen (Vorsicht, das spritzt!) und durch ein Sieb in einen Topf gießen. Granatapfelsaft mit Orangensaft, übrigem Zucker und Speisestärke glatt rühren. Alles aufkochen und bei schwacher Hitze unter Rühren 2 bis 3 Minuten köcheln lassen, bis der Saft bindet. Vom Herd nehmen und die Granatapfelkerne untermischen.

+ Die Schokoküchlein mit der Granatapfelsauce umgießen und mit Puderzucker bestäubt noch warm servieren.

Die Ernährungs-Docs

Lassen Sie sich die fruchtig-süße Nascherei ganz ohne schlechtes Gewissen schmecken. Denn der Granatapfel zeichnet sich durch einen hohen Anteil an Polyphenolen aus, die Entzündungsprozesse, zum Beispiel bei Rheuma, abmildern können und das antioxidative Schutzsystem des Körpers stärken.

Pastinaken-Cupcakes

Arthrose | Gicht | Rheuma

Für 1 Muffinblech mit 12 Mulden
Zubereitungszeit: 20 Minuten
Backen: 25–30 Minuten

200 g Pastinaken
50 ml ungesüßter Apfelsaft
50 g Haselnusskerne
2 Eier (Größe M)
50 g Rohrohrzucker
Salz
1/4 TL abgeriebene Bio-Orangenschale
150 g Naturjoghurt (3,5 % Fett)
60 ml Rapsöl
200 g Dinkelmehl (Type 1050)
2 TL Backpulver
200 g Frischkäse mit Joghurt (mind. 16 % Fett)
100 g Wildpreiselbeeren (aus dem Glas)
1 Pck. Sofort-Gelatine (ca. 15 g)
12 Papierbackförmchen

Nährwerte pro Portion: 230 kcal, 8 g EW, 10 g F, 25 g KH, 2 g BST, 63 mg Ca, 5 mg Purin

+ Die Pastinaken putzen, schälen und auf der Gemüsereibe fein raspeln. Dann mit dem Apfelsaft in einem Topf mit geschlossenem Deckel bei schwacher Hitze etwa 5 Minuten dünsten. Vom Herd nehmen und abkühlen lassen. Inzwischen die Haselnüsse in einer Pfanne ohne Fett bei mittlerer Hitze hell rösten, herausnehmen und abkühlen lassen, dann grob hacken.

+ Den Backofen auf 180 °C vorheizen. Die Mulden des Muffinblechs mit Papierförmchen auslegen. Für den Teig die Eier mit Zucker und 1 Prise Salz mit den Quirlen des Handrührgeräts dicklich cremig aufschlagen. Dann Pastinaken, Orangenschale, Joghurt und Öl hinzufügen und alles kurz verrühren. Das Mehl mit Backpulver mischen und mit 40 g gerösteten Haselnüssen unter den Teig rühren.

+ Den Teig in die Mulden der Muffinform füllen und im Ofen auf der mittleren Schiene 25 bis 30 Minuten backen. Die Muffins aus dem Ofen nehmen und auf einem Kuchengitter etwa 10 Minuten abkühlen lassen, dann aus der Form lösen und vollständig abkühlen lassen.

+ Inzwischen für das Topping Frischkäse mit Preiselbeeren und Gelatine cremig aufschlagen. Die Masse mithilfe eines Spritzbeutels mit Sterntülle aufspritzen. Mit den übrigen Haselnüssen garnieren.

Die Ernährungs-Docs

Kann man mit Pastinaken backen? Man kann! Denn mit ihrem süßlich-nussigen Aroma sorgen die hellen Wurzeln für einen saftigen Teig, viel Geschmack und sparen somit Butter und Eier. Hochwertiges Eiweiß und reichlich Ballaststoffe bereichern das Gebäck obendrein. Pastinaken haben eine entzündungshemmende Wirkung und einen hohen Nährwert – besonders erwähnenswert sind Kalium, Magnesium, Vitamin E, Niacin und Folsäure.

Orangen-Walnuss-Schnitten

Arthrose | Gicht | Rheuma

Für 1 quadratische Backform
(24 x 24 cm, 16 Stück)
Zubereitungszeit: 20 Minuten
Backen: 30 Minuten

3 Eier (Größe M)
100 ml kalt gepresstes Olivenöl
150 g Rohrohrzucker
1 Bio-Orange
¼ TL Zimtpulver
¼ TL gemahlene Nelken
150 g Dinkelvollkornmehl
100 g gemahlene Walnüsse
2 TL Backpulver
100 ml Milch (1,5 % Fett)
Salz
75 g Walnusskernhälften
Puderzucker zum Bestäuben

Nährwerte pro Stück: 233 kcal, 5 g EW, 16 g F, 18 g KH, 2 g BST, 37 mg Ca, 5 mg Purin

+ Den Backofen auf 180 °C vorheizen. Den Boden der Form mit Backpapier belegen. Die Eier trennen. In einer Schüssel Öl und 100 g Zucker mit den Quirlen des Handrührgeräts hellcremig aufschlagen. Die Orange heiß waschen, abtrocknen und die Schale fein abreiben, die Orange halbieren und auspressen. Eigelbe, Orangenschale, Zimt und Nelken unter die Öl-Zucker-Masse rühren.

+ In einer zweiten Schüssel Mehl mit Walnüssen und Backpulver mischen und abwechselnd mit der Milch unter die Ölmasse rühren. Die Eiweiße mit 1 Prise Salz steif schlagen, eine Hälfte unter den Teig rühren, die zweite Hälfte mit einem Teigschaber vorsichtig unterheben. Den Teig in die Form füllen, glatt streichen und mit den Walnusshälften belegen. Im Ofen auf der mittleren Schiene 30 Minuten backen. Herausnehmen, etwa 10 Minuten abkühlen lassen, dann aus der Form lösen und auf einem Kuchengitter lauwarm abkühlen lassen.

+ Inzwischen den Orangensaft mit übrigem Zucker in einem Topf aufkochen und so lange unter Rühren köcheln lassen, bis sich der Zucker aufgelöst hat. Den Kuchen mit einem Holzstäbchen mehrmals einstechen, mit Sirup beträufeln und kurz ziehen lassen. Mit Puderzucker und nach Belieben mit Bio-Orangenzesten garniert servieren.

Die Ernährungs-Docs

Der Kuchen steckt voller gesunder Zutaten: Walnüsse liefern reichlich Antioxidantien. Zudem sind sie eine gute Quelle für pflanzliche Omega-3-Fettsäuren. Olivenöl ersetzt die Butter im Teig und spendet viel Ölsäure und Phytosterine mit schützender Wirkung für Herz und Gefäße. Vollkornmehl lockt weniger Insulin ins Blut als Weißmehl – und durch die enthaltenen Ballaststoffe machen diese leckeren Schnitten richtig gut satt.

Schoko-Limetten-Kuchen mit Beeren

Arthrose | Gicht | Rheuma

Für 1 Springform (26 cm Durchmesser, 12 Stücke)
Zubereitungszeit: 45 Minuten
Backen: 25 Minuten

100 g weiße Schokolade
125 g Butter
1 Bio-Limette
3 Eier (Größe M)
100 g Zucker
Salz
100 ml Buttermilch
150 g Dinkelmehl (Type 630)
100 g geschälte gemahlene Mandeln
2 TL Backpulver
300 g gemischte Beeren (z. B. Brom-, Erd-, Heidel- oder Himbeeren)
50 g Zitronenmarmelade mit Ingwer
Öl für die Form

Nährwerte pro Stück: 290 kcal, 7 g EW, 17 g F, 26 g KH, 2 g BST, 99 mg Ca, 9 mg Purin

+ Den Backofen auf 200 °C vorheizen. Den Boden der Form mit Backpapier belegen, den Rand leicht fetten. 75 g Schokolade grob hacken und mit der Butter in einer Metallschüssel über dem heißen Wasserbad unter Rühren schmelzen. Vom Wasserbad nehmen und etwas abkühlen lassen.

+ Limette heiß waschen, abtrocknen und die Schale fein abreiben, die Limette halbieren und den Saft auspressen. In einer Schüssel die Eier mit Zucker und 1 Prise Salz mit den Quirlen des Handrührgeräts etwa 5 Minuten dickcremig aufschlagen. Buttermilch, Limettensaft und -schale sowie Schoko-Butter-Masse dazugeben und unterrühren. Das Mehl mit Mandeln und Backpulver mischen und ebenfalls untermischen. Den Teig in die Form füllen und den Kuchen im Ofen auf der mittleren Schiene etwa 25 Minuten backen. Herausnehmen und auf einem Kuchengitter 10 Minuten abkühlen lassen, dann den Springformrand entfernen und den Kuchen vollständig abkühlen lassen.

+ Zum Servieren die Beeren verlesen, waschen und trocken tupfen, Erdbeeren halbieren oder vierteln. Die Marmelade in einem kleinen Topf erwärmen, den Kuchen damit bestreichen und die Beeren darauf verteilen. Die übrige Schokolade ebenfalls schmelzen und den Kuchen damit in dünnen Streifen überziehen. Die Schokolade fest werden lassen, dann den Kuchen in Stücke schneiden und servieren.

Die Ernährungs-Docs

Beeren gehören zum kalorienärmsten Obst, lassen den Blutzucker nur gering ansteigen und enthalten viele heilkräftige Antioxidantien. Gemahlene Mandeln ersetzen einen Teil des Mehls. Sie machen den Teig saftig und liefern essenzielle Fettsäuren.

Stichwortregister

Rezeptregister

Hinweis: Gerade Menschen mit Veranlagung zu Gicht sollten sich an die Zutatenmengen halten und die gesamte Purinaufnahme eines Tages im Blick behalten.

Die Ernährungs-Docs

Dr. med. Matthias Riedl ist ärztlicher Direktor der von ihm 2008 gegründeten medicum Hamburg MVZ GmbH, die einzigartig in Europa die Diabetologie mit der Ernährungsmedizin und neun angrenzenden Facharztrichtungen ganzheitlich verbindet. Der Internist, Diabetologe und Ernährungsmediziner Matthias Riedl ist außerdem als Publizist für Fachzeitschriften und Verlage, Berater für Firmen und Krankenkassen, Dozent auf internationalen Kongressen und Lehrbeauftragter zweier Universitäten tätig. Im Vorstand des Bundesverbands Deutscher Ernährungsmediziner (BDEM e. V.) engagiert er sich für die Förderung der Ernährungstherapie. 2013 nahm ihn das Magazin „Focus" in seine Empfehlungsliste „Top-Mediziner" auf.

Dr. med. Anne Fleck ist seit Jahren auf dem Gebiet der innovativen Ernährungs- und Präventionsmedizin tätig. Als Fachärztin für innere Medizin und Rheumatologie mit Expertise auf dem Gebiet der Naturheilkunde und alternativer Heilverfahren hat sie ein ambulantes Zentrum für Prävention und Adipositas-Medizin in Berlin etabliert. Vorsorgemedizinisch berät sie Unternehmen, Botschaften und Privatpersonen im In- und Ausland. Seit 2013 lebt und arbeitet sie im Herzen Hamburgs. Anne Fleck ist Mitglied in internationalen Fachgesellschaften, Autorin für Fachzeitschriften und engagiert als Dozentin auf Kongressen und Fortbildungsveranstaltungen.

Dr. med. Jörn Klasen ist Facharzt für Innere Medizin mit Schwerpunkt Magen-, Darm- und Lebererkrankungen, Ernährungsmediziner sowie Arzt für anthroposophische Medizin und Naturheilverfahren. Über 15 Jahre war er Chefarzt und zehn Jahre stellvertretender ärztlicher Direktor am Asklepios Westklinikum Hamburg. Seit 2015 ist er am Medizinicum Hamburg in eigener Praxis tätig. Jörn Klasen gilt als ausgewiesener Experte für Integrative Medizin, er verbindet die Schulmedizin mit Naturheilkunde, anthroposophischer und tibetanischer Medizin.

Britta Probol arbeitet seit 2004 als freie Autorin und Lektorin für namhafte Verlage und Redaktionen, unter anderem für den Norddeutschen Rundfunk. Ratgeber- und Kulturthemen verständlich darzustellen, ist ihr Anliegen. Sie hat den Online-Auftritt der „Ernährungs-Docs" bei NDR.de mitrealisiert und konzipiert.

Claudia Timmann ist gelernte Fotografin und arbeitet seit 2010 freiberuflich von Hamburg aus. Sie ist deutschlandweit für Verlage und Redaktionen tätig. Ihren besonderen Schwerpunkt legt sie auf Food- und People-Fotografie. Bei den Foodfotos der „Ernährungs-Docs" haben sie die Foodstylisten Claudia Seifert und Pedro Torres unterstützt.

Martina Kittler, Ökotrophologin und Sportwissenschaftlerin, arbeitet seit vielen Jahren als freie Food- und Kochbuchautorin. Die Themen Gesundheit, Kochen und Ernährung liegen ihr besonders am Herzen, und sie versteht es, diese mit Genussfreude in schmackhafte Rezepte umzusetzen. Sie ist für namhafte Verlage und Redaktionen tätig und hat viele Bücher und Ratgeber veröffentlicht.

Bildnachweis: finepic. Helmut Henkensiefken: 4, 6/7, 9, 24, 30/31, 42, 56, 182 (2); Fotolia 27; iStock: 11, 16, 38 (4), 39 (2), 45; Jump: 18; Mauritius: 13; Shutterstock: 19, 50; Stockfood 14, 32, 39 (2), 47, 48; J. Trautfest/M. Schwarz: 34, 35; M. Wilfling: 36, 182

Hilfreiche Adressen

Professionelle Unterstützung durch Ernährungsmediziner und -berater:

Bundesverband Deutscher Ernährungsmediziner e. V. (BDEM)
www.bdem.de

BerufsVerband Oecotrophologie e. V. (VDOE)
www.vdoe.de

Verband der Diätassistenten – Deutscher Bundesverband e. V. (VDD)
www.vdd.de/diaetassistenten/

Selbsthilfeorganisationen, die weiterführende Infos und Austausch bieten:

Deutsche Rheuma-Liga e. V.
www.rheuma-liga.de

Deutsche Gicht-Liga e. V.
www.gichtliga.de

Deutscher Psoriasis Bund e. V.
www.psoriasis-bund.de

Deutsche Vereinigung Morbus Bechterew e. V.
www.bechterew.de

Bundesselbsthilfeverband für Osteoporose e. V. (BfO)
www.osteoporose-deutschland.de

Osteoporose Selbsthilfegruppen Dachverband e. V.
www.osd-ev.org

ZU DEN AUTOREN

2015 schlug im NDR die Geburtsstunde einer bisher einzigartigen Fernsehreihe: Seither helfen die „Ernährungs-Docs" Menschen, die an ihren Gesundheitsproblemen beinahe verzweifeln. Für die erfahrenen Ärzte **Jörn Klasen, Anne Fleck** und **Matthias Riedl** gilt: Essen als Medizin! Sie setzen gezielt auf moderne Ernährungsstrategien, um Symptome deutlich zu verbessern oder Krankheiten sogar zu heilen. Und beweisen in ihrer Hausboot-Praxis, dass durch eine Umstellung der Gewohnheiten oftmals schon innerhalb weniger Monate erstaunliche Erfolge erzielt werden können.

Eine Auswahl weiterer Bücher:

- → Die Ernährungs-Docs
- → Diabetes heilen
- → Starke Gelenke
- → Gute Verdauung
- → Starkes Herz
- → Zuckerfrei gesünder leben
- → Gesund und schlank durch Intervallfasten
- → Unser Anti-Bauchfett-Programm
- → Gesund abnehmen mit der Darm-fit-Formel

IMPRESSUM

Hinter jedem tollen Buch steckt ein starkes Team

Projektleitung: *Eva Dotterweich, Kathrin Ullerich*
Texte: *Britta Probol*
Rezepte: *Martina Kittler*
Lektorat: *Kathrin Gritschneder*
Redaktionelle Mitarbeit: *Katja Gundlach, Annette Willenbücher*
Covergestaltung: *ZERO Werbeagentur, München*
Grafische Gestaltung und Satz: *Silke Schüler, Julia Arzberger, Christopher Hammond*
Fotografie: *Claudia Timmann*
Foodstyling: *Claudia Seifert und Pedro Torres*
Weitere Abbildungen: *siehe Bildnachweis Seite 182*
Cover- und Peoplefotos: *finepic. Helmut Henkensiefken*
Herstellung: *Frank Jansen*
Producing: *Jan Russok*
Druck & Bindung: *optimal media GmbH, Röbel*

In Zusammenarbeit mit und lizenziert durch nonfictionplanet GmbH, Hamburg

9. Auflage 2025
© 2018 Edel Verlagsgruppe GmbH,
Neumühlen 17, 22763 Hamburg
ISBN: 978-3-89883-863-4
Redaktionsanschrift:
ZS, Edel Verlagsgruppe GmbH,
Kaiserstraße 14b, 80801 München
www.zsverlag.de/kontakt
www.edelverlagsgruppe.de/kontakt

LIEBE LESERINNEN, LIEBE LESER,

wie schön, dass Sie ein Buch von ZS in den Händen halten. „Jetzt leben!“ ist das Motto unseres Verlages. Es steht für Genuss und Inspiration, Unterstützung und Motivation. Ob Kulinarik oder Fitness, Gesundheit oder Lebenshilfe – seit über 30 Jahren bieten wir kompetente Ratgeber für (fast) alle Lebenslagen. Wir lieben Tradition genauso wie Innovation – sie treiben uns an. Unsere Autorinnen und Autoren sind Menschen, die zu ihrem Thema wirklich etwas zu sagen und zu schreiben haben. Unsere Produkte sind erzählerisch, appetitmachend und als gedruckte Bücher haptisch echte Erlebnisse. Für Sie mit ganz viel Liebe gemacht! Entdecken Sie mehr aus unserer wunderbaren Welt!

UNSER VERLAGSHAUS

Mit Standorten in Hamburg und München zählt die Edel Verlagsgruppe zu den größten unabhängigen Buchanbietern Deutschlands. Zur Gruppe gehören die Verlage Dr. Oetker Verlag, Edel Sports, KARIBU und ZS.

ZS – Ein Verlag der Edel Verlagsgruppe
www.zsverlag.de
www.facebook.com/zsverlag
www.instagram.com/zsverlag

HINWEIS

Die Ratschläge in diesem Buch wurden mit größter Sorgfalt von Autoren und Verlag erarbeitet und geprüft. Eine Garantie kann jedoch nicht übernommen werden. Ebenso ist eine Haftung der Autoren bzw. des Verlags und seiner Beauftragten für Personen-, Sach- oder Vermögensschäden ausgeschlossen. Erkrankungen mit ernstem Hintergrund gehören in ärztliche Behandlung! Bei bereits bestehenden Beschwerden kann das Buch daher keinen fachärztlichen Rat ersetzen.